집콕 구구단 챌린지

그림 양혜민

애플비
applebeebooks

이 책의 활용법

구구단의 원리 알기

간단한 활동으로 구구단의 원리를 배우고, 곱셈식으로 표현하는 방법을 익혀요.

올바른 개수만큼 묶어 세고, 뛰어 세면서 구구단의 규칙을 익혀요.

설명을 읽고 덧셈식을 곱셈식으로 나타내요.

곱셈식을 한 번 더 확인하고, 쉬운 퀴즈를 풀어 점검해요.

구구단으로 놀이하기

다양한 게임으로 구구단을 연습해요. 문제를 풀며 응용력과 사고력도 키울 수 있어요.

알맞은 답을 찾아 미로 길을 가거나 암호를 풀고, 그림을 오려 붙이는 등 다양한 게임을 해 보세요.

모든 활동이 끝난 뒤에는 곱셈표를 채우며 배운 것을 정리해 보세요.

목차

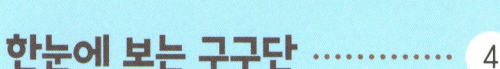

*구구단 순서는 초등 수학 2학년 2학기 '곱셈구구' 단원을 따랐어요.

한눈에 보는 구구단 ············ 4

2단 깨치기 ············ 6

5단 깨치기 ············ 16

3단 깨치기 ············ 26

6단 깨치기 ············ 36

4단 깨치기 ············ 46

8단 깨치기 ············ 56

7단 깨치기 ············ 66

9단 깨치기 ············ 76

1단 깨치기 ············ 86

0단 깨치기 ············ 88

구구단 다지기 ············ 90
곱셈표 채우기 ············ 104
정답 ············ 105

한눈에 보는 구구단

0과 어떤 수를 곱하면 항상 0이에요.

0단

0×1=0
0×2=0
0×3=0
0×4=0
0×5=0
0×6=0
0×7=0
0×8=0
0×9=0

1과 어떤 수를 곱하면 어떤 수예요.

1단

1×1=1
1×2=2
1×3=3
1×4=4
1×5=5
1×6=6
1×7=7
1×8=8
1×9=9

2단의 답은 짝수예요.

2단

2×1=2
2×2=4
2×3=6
2×4=8
2×5=10
2×6=12
2×7=14
2×8=16
2×9=18

3단

3×1=3
3×2=6
3×3=9
3×4=12
3×5=15
3×6=18
3×7=21
3×8=24
3×9=27

4단의 답도 짝수예요.

4단

4×1=4
4×2=8
4×3=12
4×4=16
4×5=20
4×6=24
4×7=28
4×8=32
4×9=36

> 답의 일의 자리 숫자가 5와 0이 반복돼요.

5단

5×1=5
5×2=10
5×3=15
5×4=20
5×5=25
5×6=30
5×7=35
5×8=40
5×9=45

6단

6×1=6
6×2=12
6×3=18
6×4=24
6×5=30
6×6=36
6×7=42
6×8=48
6×9=54

7단

7×1=7
7×2=14
7×3=21
7×4=28
7×5=35
7×6=42
7×7=49
7×8=56
7×9=63

> 답의 일의 자리 숫자가 2씩 작아져요.

8단

8×1=8
8×2=16
8×3=24
8×4=32
8×5=40
8×6=48
8×7=56
8×8=64
8×9=72

9단

9×1=9
9×2=18
9×3=27
9×4=36
9×5=45
9×6=54
9×7=63
9×8=72
9×9=81

> 답의 십의 자리 숫자는 1씩 커지고, 일의 자리 숫자는 1씩 작아져요.

2단  묶어 세기

○ 2씩 묶어 보고, 빈칸에 알맞은 수를 써 보세요.

2씩 1묶음은 　2　　　2씩 2묶음은 □　　　2씩 3묶음은 □

2씩 4묶음은 □　　　2씩 5묶음은 □　　　2씩 6묶음은 □

2씩 7묶음은 □　　　2씩 8묶음은 □　　　2씩 9묶음은 □

뛰어 세기

○ 2씩 뛰어 센 수를 색칠하고, 빈칸에 알맞은 수를 써 보세요.

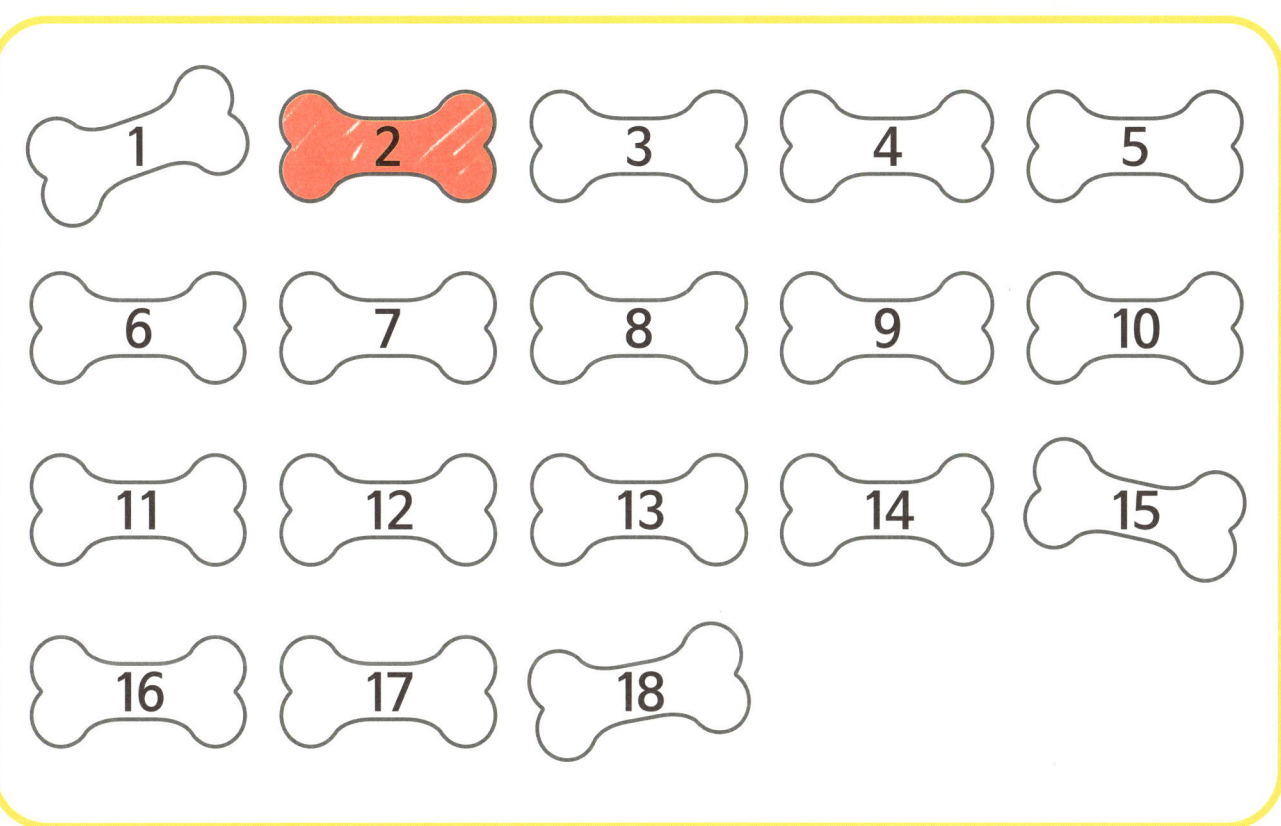

2씩 1번 뛰어 세면 [2]
2씩 2번 뛰어 세면 [ ]
2씩 3번 뛰어 세면 [ ]
2씩 4번 뛰어 세면 [ ]
2씩 5번 뛰어 세면 [ ]

2씩 6번 뛰어 세면 [ ]
2씩 7번 뛰어 세면 [ ]
2씩 8번 뛰어 세면 [ ]
2씩 9번 뛰어 세면 [ ]

2단 곱셈식으로 나타내기

- 2의 4배를 2×4라고 써요.
- 2×4는 2 곱하기 4라고 읽어요.

○ 2씩 커지는 덧셈식을 채우고, 곱셈식으로 나타내 보세요.

덧셈식	곱셈식
2	2×1=2
2+2= 4	2× 2 = 4
2+2+2= ☐	2× ☐ = ☐
2+2+2+2= ☐	2× ☐ = ☐
2+2+2+2+2= ☐	2× ☐ = ☐
2+2+2+2+2+2= ☐	2× ☐ = ☐
2+2+2+2+2+2+2= ☐	2× ☐ = ☐
2+2+2+2+2+2+2+2= ☐	2× ☐ = ☐
2+2+2+2+2+2+2+2+2= ☐	2× ☐ = ☐

○ 2씩 뛰어 세며 점을 연결해 그림을 완성해 보세요.

2단

$2 × 1 = 2$

$2 × 2 = 4$

$2 × 3 = 6$

$2 × 4 = 8$

$2 × 5 = 10$

$2 × 6 = 12$

$2 × 7 = 14$

$2 × 8 = 16$

$2 × 9 = 18$

○ 알맞은 답을 찾아 문과 열쇠를 선으로 연결해 보세요.

2단

그림 추리 퀴즈

● 번호판의 곱셈식을 풀고, 같은 번호의 자동차를 찾아 ○ 해 보세요.

2×9   2×5   2×6

가

18가 1011

16가 1012

18가 0812

18가 1014

20가 1012

18가 1012

구구단 퍼즐

○ 가로, 세로, 대각선에 숨은 2단 곱셈식을 찾고, 빈칸을 채워 보세요.

1	2	×	1	=	2	×	3
4	×	9	=	7	×	1	2
×	6	2	1	×	5	9	×
9	=	2	×	3	=	6	7
=	12	×	1	9	10	×	=
15	=	2	×	8	=	16	14
×	7	=	5	×	3	18	×
2	×	4	=	8	1	=	4

2×1 = ☐   2×2 = ☐   2×☐ = 6

2×4 = ☐   2×☐ = 10   2×6 = ☐

2×☐ = 14   2×8 = ☐   2×☐ = 18

2단

숨은그림찾기

○ 곱셈식의 답만큼 숨어 있는 그림을 모두 찾아보세요.

🎡 2×2=	4	🏴‍☠️ 2×5=		⛵ 2×6=	
💥 2×4=		🔭 2×1=		🧰 2×3=	

2단 그림 그리기

괴물들이 설명하는 대로 그림을 그려 괴물의 모습을 완성해 보세요.

날개를 2×1개 그려 줘!

내 이빨이 2×6개가 되도록 그려 줄래?

나는 팔이 모두 2×4개야!

몸에 점이 2×5개가 되게 그려 줘!

내 다리는 모두 2×3개야. 개수에 맞게 그려 줘!

내 머리카락은 모두 2×8개라고!

5단 묶어 세기

○ 5씩 묶어 보고, 빈칸에 알맞은 수를 써 보세요.

5씩 1묶음은 [5]   5씩 2묶음은 [ ]   5씩 3묶음은 [ ]

5씩 4묶음은 [ ]   5씩 5묶음은 [ ]   5씩 6묶음은 [ ]

5씩 7묶음은 [ ]   5씩 8묶음은 [ ]   5씩 9묶음은 [ ]

뛰어 세기

○ 5씩 뛰어 센 수를 색칠하고, 빈칸에 알맞은 수를 써 보세요.

1	2	3	4	5	6	7	8	9
10	11	12	13	14	15	16	17	18
19	20	21	22	23	24	25	26	27
28	29	30	31	32	33	34	35	36
37	38	39	40	41	42	43	44	45

5씩 1번 뛰어 세면 **5**

5씩 2번 뛰어 세면 ☐ +5

5씩 3번 뛰어 세면 ☐ +5

5씩 4번 뛰어 세면 ☐ +5

5씩 5번 뛰어 세면 ☐ +5

5씩 6번 뛰어 세면 ☐ +5

5씩 7번 뛰어 세면 ☐ +5

5씩 8번 뛰어 세면 ☐ +5

5씩 9번 뛰어 세면 ☐ +5

5단 곱셈식으로 나타내기

- 5의 4배를 5×4라고 써요.
- 5×4는 5 곱하기 4라고 읽어요.

○ 5씩 커지는 덧셈식을 채우고, 곱셈식으로 나타내 보세요.

덧셈식	곱셈식
5	5×1=5
5+5=　10	5×　2　=　10
5+5+5=	5×　　=
5+5+5+5=	5×　　=
5+5+5+5+5=	5×　　=
5+5+5+5+5+5=	5×　　=
5+5+5+5+5+5+5=	5×　　=
5+5+5+5+5+5+5+5=	5×　　=
5+5+5+5+5+5+5+5+5=	5×　　=

○ 5씩 뛰어 세며 당근을 찾아 미로 길을 가 보세요.

○ 곱셈식이 이어질 수 있도록 빈칸에 번호를 써 보세요.

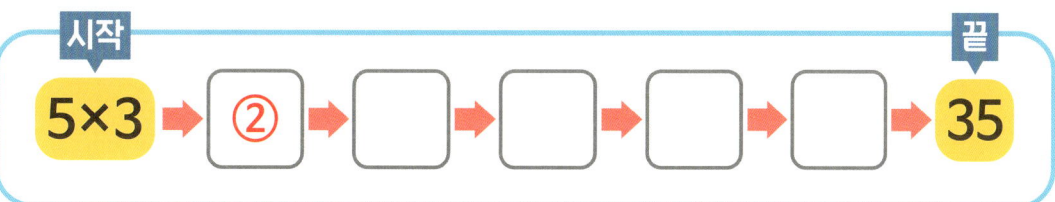

① 25 5×2
② 15 5×5
③ 20 5×7
④ 10 5×8
⑤ 40 5×4

5단

5×1=5

5×2=10

5×3=15

5×4=20

5×5=25

5×6=30

5×7=35

5×8=40

5×9=45

그림 찾기

○ 아이들이 설명하는 물건을 찾아 선으로 연결해 보세요.

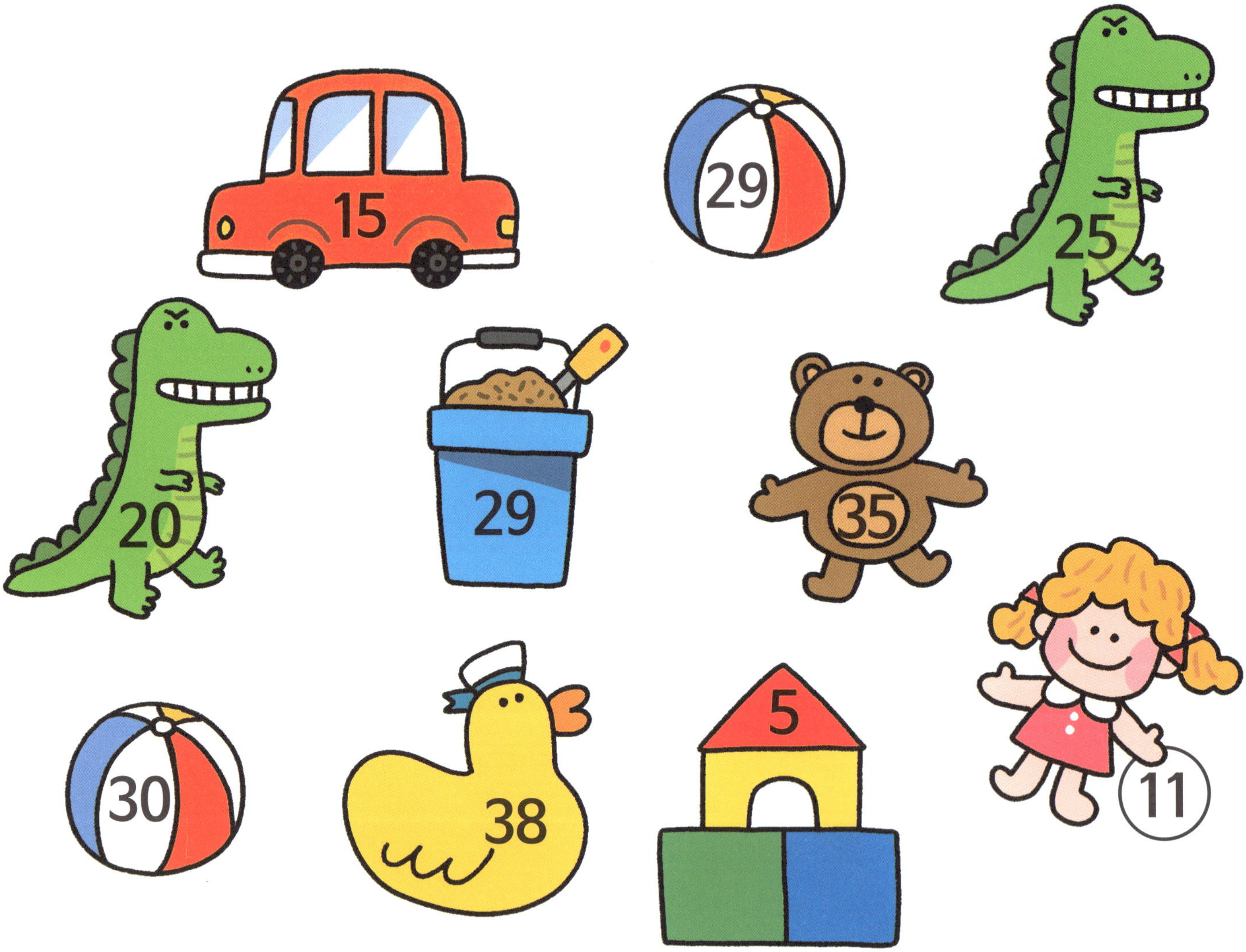

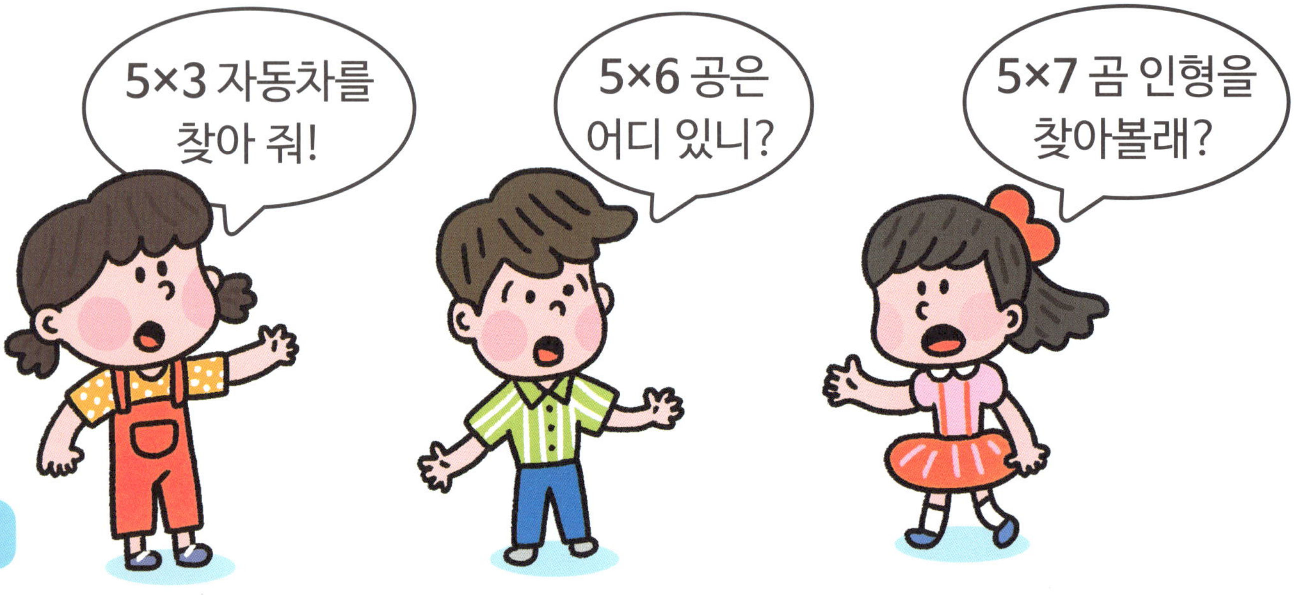

5×3 자동차를 찾아 줘!

5×6 공은 어디 있니?

5×7 곰 인형을 찾아볼래?

색칠하기

○ 빈칸을 채우고, 5단의 답을 모두 색칠해 그림을 완성해 보세요.

2	14	8	5	32	11	22	31
18	21	32	15	35	42	3	44
38	7	41	20	25	30	7	19
23	43	8	10	40	25	45	37
29	12	27	5	33	9	24	13
45	15	30	35	25	40	10	5
36	20	25	40	20	35	15	4
1	28	10	30	45	20	16	17

5×1= ☐   5×2= ☐   5×3= ☐

5×4= ☐   5×5= ☐   5×6= ☐

5×7= ☐   5×8= ☐   5×9= ☐

미로 찾기

○ 5단의 알맞은 답을 따라 미로 길을 가 보세요.

5단

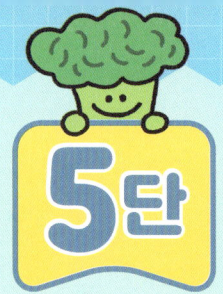

알맞은 답 채우기

관객이 들고 있는 곱셈식의 답을 같은 동물 선수의 옷에 써 보세요.

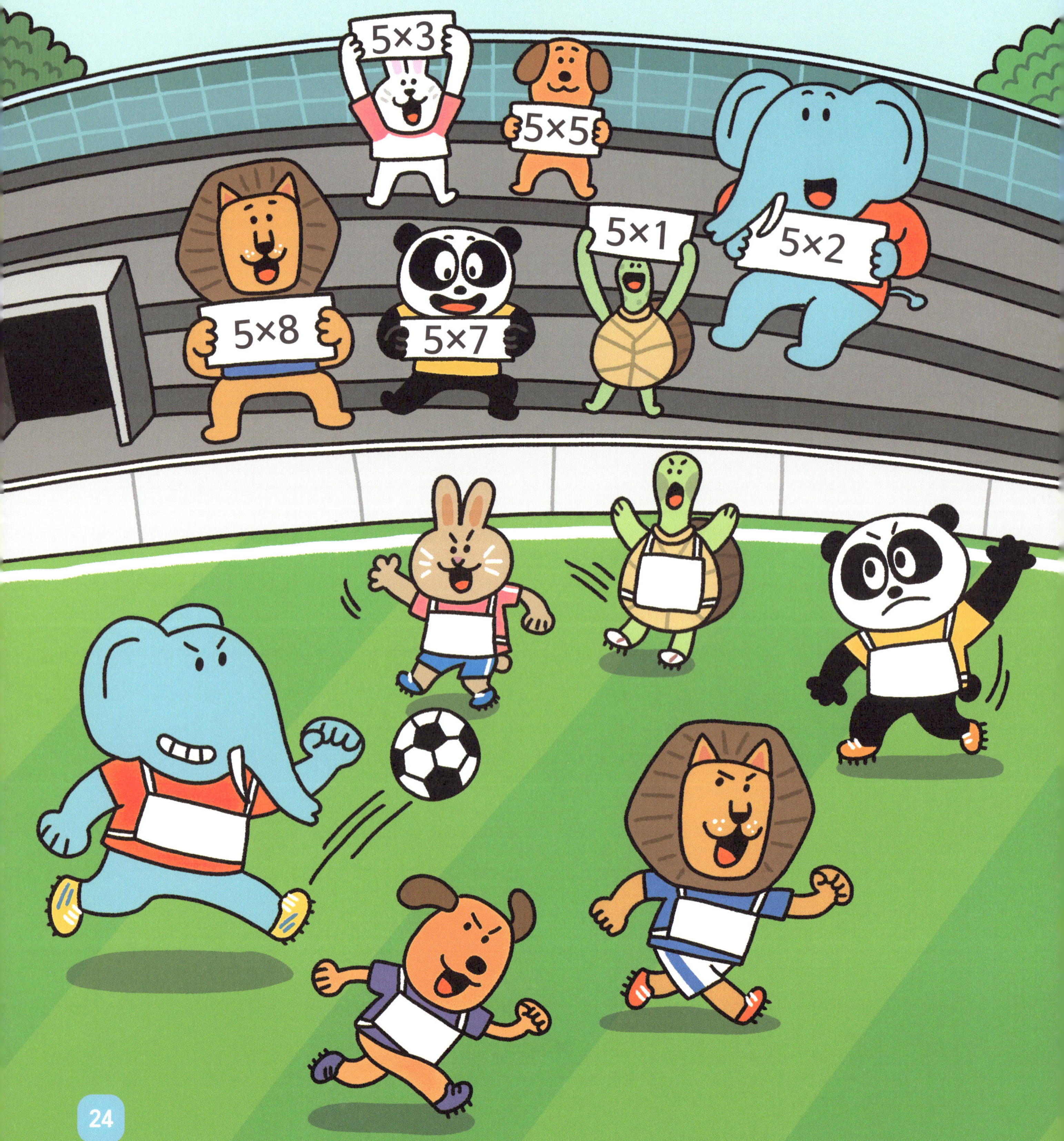

구구단 퍼즐

○ 그림이 들어간 곱셈식을 보고, 알맞은 수를 써 보세요.

3단  묶어 세기

○ 3씩 묶어 보고, 빈칸에 알맞은 수를 써 보세요.

3씩 1묶음은 3   3씩 2묶음은   3씩 3묶음은

3씩 4묶음은   3씩 5묶음은   3씩 6묶음은

3씩 7묶음은   3씩 8묶음은   3씩 9묶음은

뛰어 세기

○ 3씩 뛰어 센 수를 색칠하고, 빈칸에 알맞은 수를 써 보세요.

① ② ③ ④ ⑤ ⑥
⑦ ⑧ ⑨ ⑩ ⑪ ⑫
⑬ ⑭ ⑮ ⑯ ⑰ ⑱
⑲ ⑳ ㉑ ㉒ ㉓ ㉔
㉕ ㉖ ㉗

3씩 1번 뛰어 세면 [3]
+3
3씩 2번 뛰어 세면 [ ]
+3
3씩 3번 뛰어 세면 [ ]
+3
3씩 4번 뛰어 세면 [ ]
+3
3씩 5번 뛰어 세면 [ ]

3씩 6번 뛰어 세면 [ ]
+3
3씩 7번 뛰어 세면 [ ]
+3
3씩 8번 뛰어 세면 [ ]
+3
3씩 9번 뛰어 세면 [ ]

3단 곱셈식으로 나타내기

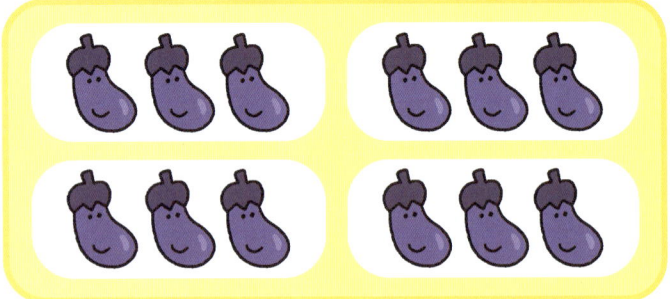

- 3의 4배를 3×4라고 써요.
- 3×4는 3 곱하기 4라고 읽어요.

○ 3씩 커지는 덧셈식을 채우고, 곱셈식으로 나타내 보세요.

덧셈식	곱셈식
3	3×1=3
3+3= 6	3× 2 = 6
3+3+3= ☐	3× ☐ = ☐
3+3+3+3= ☐	3× ☐ = ☐
3+3+3+3+3= ☐	3× ☐ = ☐
3+3+3+3+3+3= ☐	3× ☐ = ☐
3+3+3+3+3+3+3= ☐	3× ☐ = ☐
3+3+3+3+3+3+3+3= ☐	3× ☐ = ☐
3+3+3+3+3+3+3+3+3= ☐	3× ☐ = ☐

○ 다음 그림을 **틀리게** 설명한 아이를 찾아 ○ 해 보세요.

알이 3개씩 들어 있는 둥지가 5개 있어.

알의 개수를 곱셈식으로 표현하면 3×5야.

알의 총 개수는 14개이지.

○ 같은 수를 나타내는 물고기끼리 묶어 보세요.

3단

3×1=3

3×2=6

3×3=9

3×4=12

3×5=15

3×6=18

3×7=21

3×8=24

3×9=27

3단 그림 그리기

○ 주문서에 쓰여 있는 대로 그림을 그려 음식을 완성해 보세요.

샐러드 주문서
샐러드에 방울토마토를 3×1개 넣어 주세요.

피자 주문서
피자에 햄을 3×4개 올려 주세요.

3단 — 짝꿍 연결하기

○ 보기처럼 곱셈식과 답을 선으로 연결해 보세요. 단, 선끼리 겹치면 안 돼요.

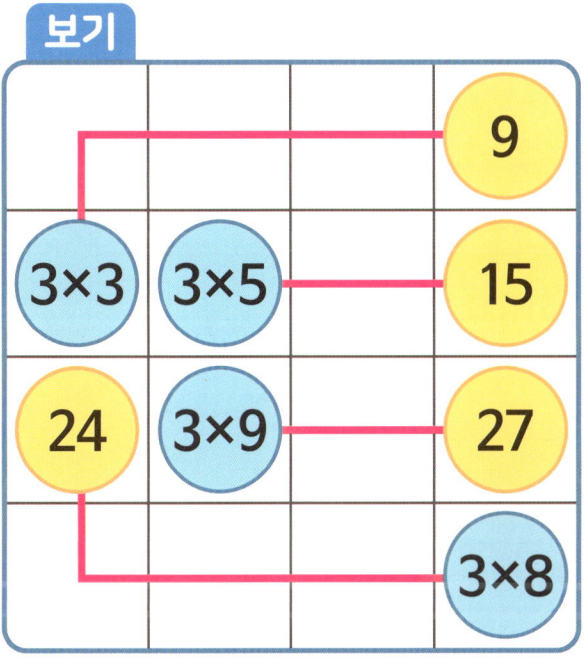

색칠하기

● 답과 같은 색으로 곱셈식을 칠해 보세요.

6 주황색　9 흰색　12 빨간색　15 초록색
18 회색　21 검은색　24 파란색　27 노란색

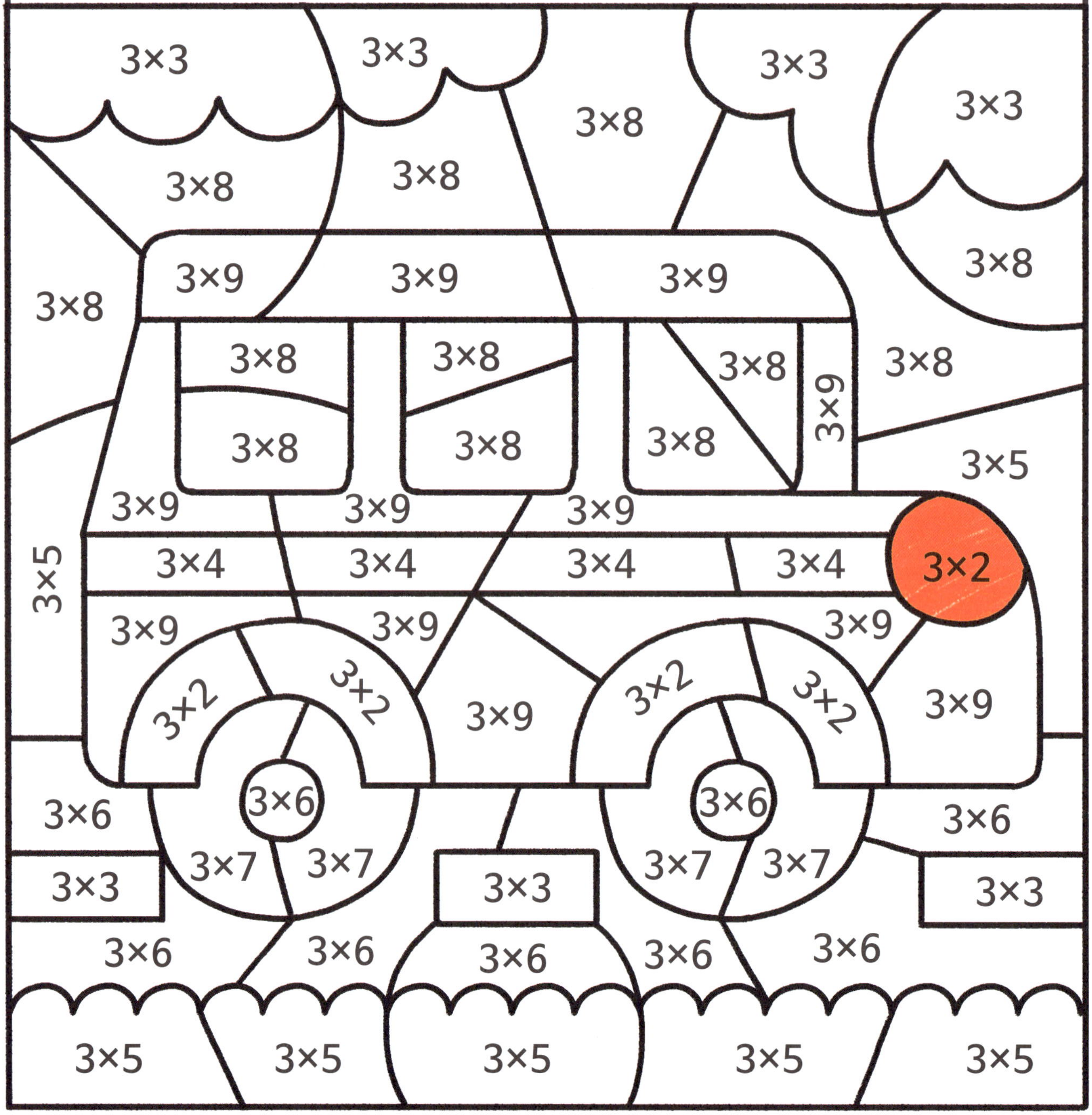

미로 찾기

○ 3단의 알맞은 곱셈식을 따라 미로 길을 가 보세요.

묶어 세기

○ 6씩 묶어 보고, 빈칸에 알맞은 수를 써 보세요.

6씩 1묶음은 [6]   6씩 2묶음은 [ ]   6씩 3묶음은 [ ]

6씩 4묶음은 [ ]   6씩 5묶음은 [ ]   6씩 6묶음은 [ ]

6씩 7묶음은 [ ]   6씩 8묶음은 [ ]   6씩 9묶음은 [ ]

뛰어 세기

○ 6씩 뛰어 센 수를 색칠하고, 빈칸에 알맞은 수를 써 보세요.

1	2	3	4	5	6	7	8	9
10	11	12	13	14	15	16	17	18
19	20	21	22	23	24	25	26	27
28	29	30	31	32	33	34	35	36
37	38	39	40	41	42	43	44	45
46	47	48	49	50	51	52	53	54

6씩 1번 뛰어 세면 6

6씩 2번 뛰어 세면 ☐ +6

6씩 3번 뛰어 세면 ☐ +6

6씩 4번 뛰어 세면 ☐ +6

6씩 5번 뛰어 세면 ☐ +6

6씩 6번 뛰어 세면 ☐ +6

6씩 7번 뛰어 세면 ☐ +6

6씩 8번 뛰어 세면 ☐ +6

6씩 9번 뛰어 세면 ☐

6단 곱셈식으로 나타내기

- 6의 4배를 6×4라고 써요.
- 6×4는 6 곱하기 4라고 읽어요.

○ 6씩 커지는 덧셈식을 채우고, 곱셈식으로 나타내 보세요.

덧셈식	곱셈식
6	6×1=6
6+6= 12	6× 2 = 12
6+6+6= ☐	6× ☐ = ☐
6+6+6+6= ☐	6× ☐ = ☐
6+6+6+6+6= ☐	6× ☐ = ☐
6+6+6+6+6+6= ☐	6× ☐ = ☐
6+6+6+6+6+6+6= ☐	6× ☐ = ☐
6+6+6+6+6+6+6+6= ☐	6× ☐ = ☐
6+6+6+6+6+6+6+6+6= ☐	6× ☐ = ☐

● 6단의 답을 모두 찾아 색칠해 보세요.

6단

6×1=6

6×2=12

6×3=18

6×4=24

6×5=30

6×6=36

6×7=42

6×8=48

6×9=54

● 곱셈식의 답이 알맞은 컵 3개에 V 해 보세요.

6단 길 찾기

○ 도착하는 장소가 어디인지 6씩 뛰어 세며 길을 가 보세요.

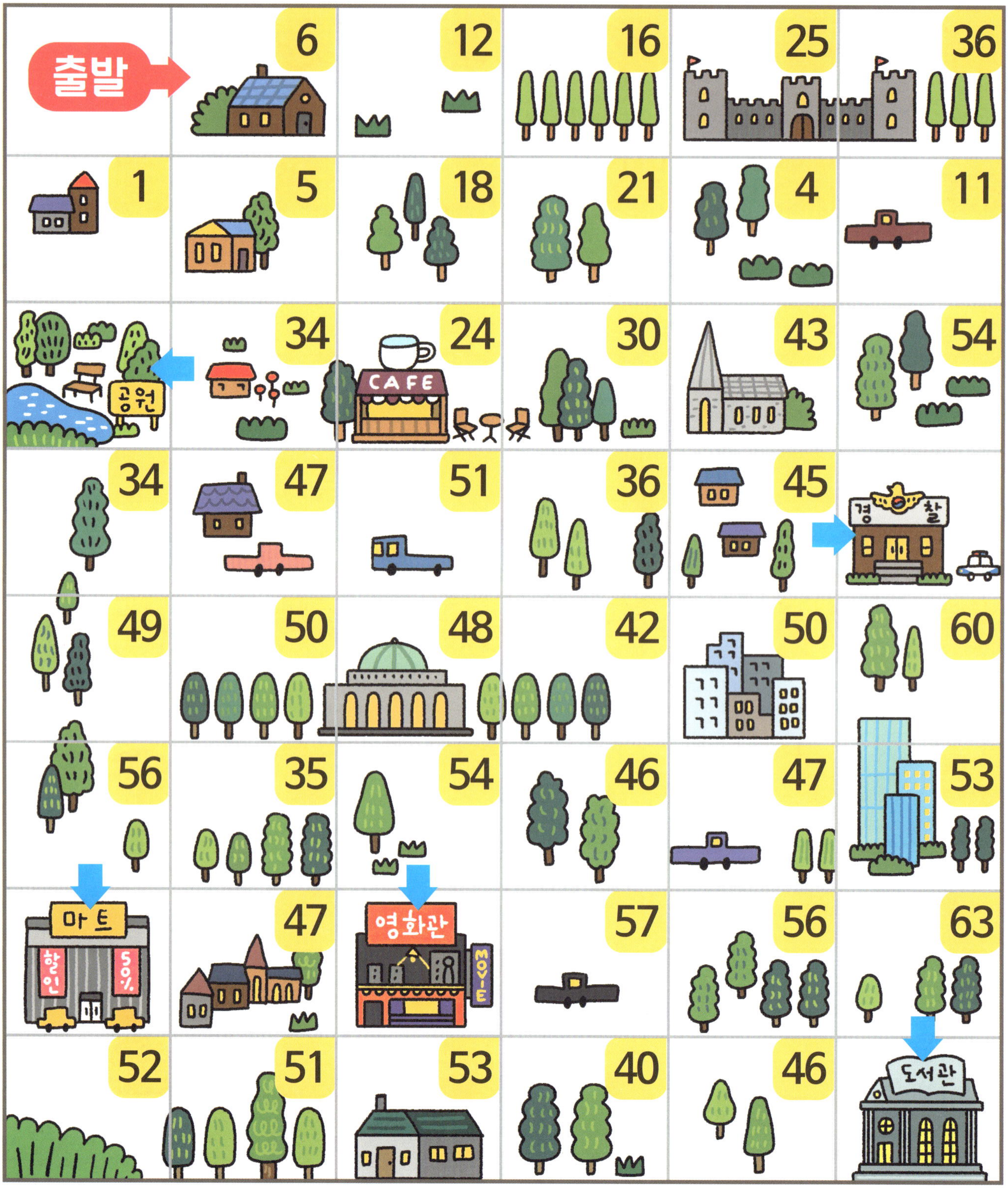

곱셈식 나타내기

○ 상자 안에 몇 개의 초콜릿이 들어가는지 곱셈식으로 나타내 보세요.

6×4=24

6× ☐ = ☐

☐ ×8= ☐

6단 그림 찾기

○ 농부들이 설명하는 당근 도둑 토끼를 찾아 선으로 연결해 보세요.

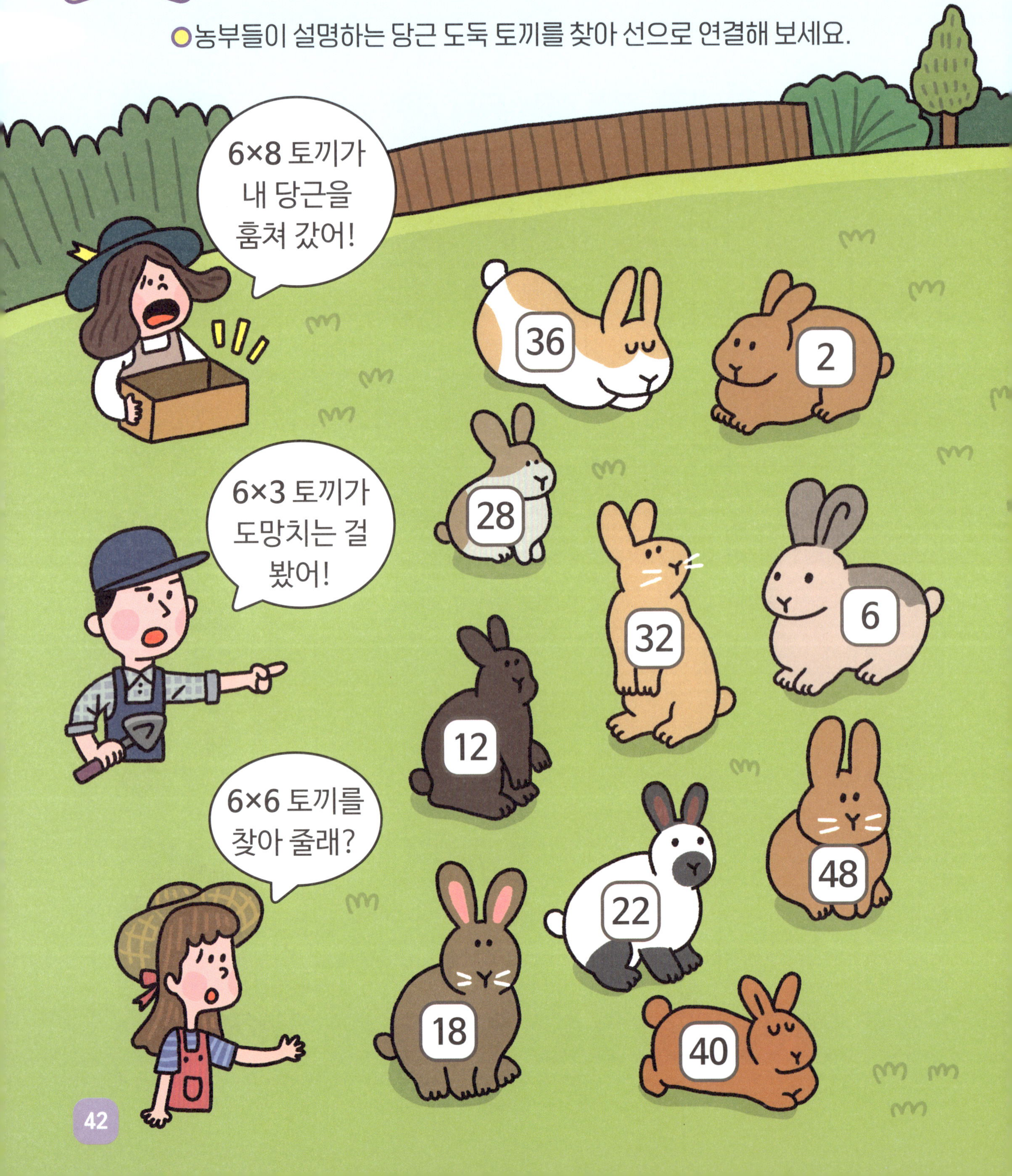

6×8 토끼가 내 당근을 훔쳐 갔어!

6×3 토끼가 도망치는 걸 봤어!

6×6 토끼를 찾아 줄래?

구구단 퍼즐

○ 가로, 세로, 대각선에 숨은 6단 곱셈식을 찾고, 빈칸을 채워 보세요.

6	×	4	=	24	7	×	4
×	6	=	6	×	6	=	36
9	×	45	=	1	×	5	6
=	1	×	6	6	2	16	×
54	=	6	×	8	=	48	3
25	6	7	5	×	12	7	=
6	=	36	=	9	×	4	18
42	=	11	30	23	=	1	6

6×1=☐   6×2=☐   6×☐=18

6×☐=24   6×5=☐   6×6=☐

6×7=☐   6×☐=48   6×9=☐

6단 그림 찾기

○ 두루마리에 쓰인 수에 6을 곱한 값이 40 이상인 보석 3개를 찾아 ○ 해 보세요.

빨간색 : 4
하늘색 : 1
주황색 : 9
보라색 : 3
파란색 : 7
노란색 : 8
분홍색 : 2
초록색 : 6
연두색 : 5

4단 묶어 세기

○ 4씩 묶어 보고, 빈칸에 알맞은 수를 써 보세요.

4씩 1묶음은 [4]   4씩 2묶음은 [ ]   4씩 3묶음은 [ ]

4씩 4묶음은 [ ]   4씩 5묶음은 [ ]   4씩 6묶음은 [ ]

4씩 7묶음은 [ ]   4씩 8묶음은 [ ]   4씩 9묶음은 [ ]

뛰어 세기

○ 4씩 뛰어 센 수를 색칠하고, 빈칸에 알맞은 수를 써 보세요.

4씩 1번 뛰어 세면 　4　 +4
4씩 2번 뛰어 세면 　　　 +4
4씩 3번 뛰어 세면 　　　 +4
4씩 4번 뛰어 세면 　　　 +4
4씩 5번 뛰어 세면 　　　

4씩 6번 뛰어 세면 　　　 +4
4씩 7번 뛰어 세면 　　　 +4
4씩 8번 뛰어 세면 　　　 +4
4씩 9번 뛰어 세면

4단 곱셈식으로 나타내기

- 4의 4배를 4×4라고 써요.
- 4×4는 4 곱하기 4라고 읽어요.

○ 4씩 커지는 덧셈식을 채우고, 곱셈식으로 나타내 보세요.

덧셈식	곱셈식
4	4×1=4
4+4= 8	4× 2 = 8
4+4+4=	4× =
4+4+4+4=	4× =
4+4+4+4+4=	4× =
4+4+4+4+4+4=	4× =
4+4+4+4+4+4+4=	4× =
4+4+4+4+4+4+4+4=	4× =
4+4+4+4+4+4+4+4+4=	4× =

○ 4씩 뛰어 센 수에 V 하며 길을 가 보세요.

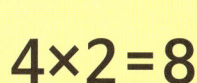

4×1=4

4×2=8

4×3=12

4×4=16

4×5=20

4×6=24

4×7=28

4×8=32

4×9=36

○ 알맞은 답을 찾아 물고기와 낚싯대를 선으로 연결해 보세요.

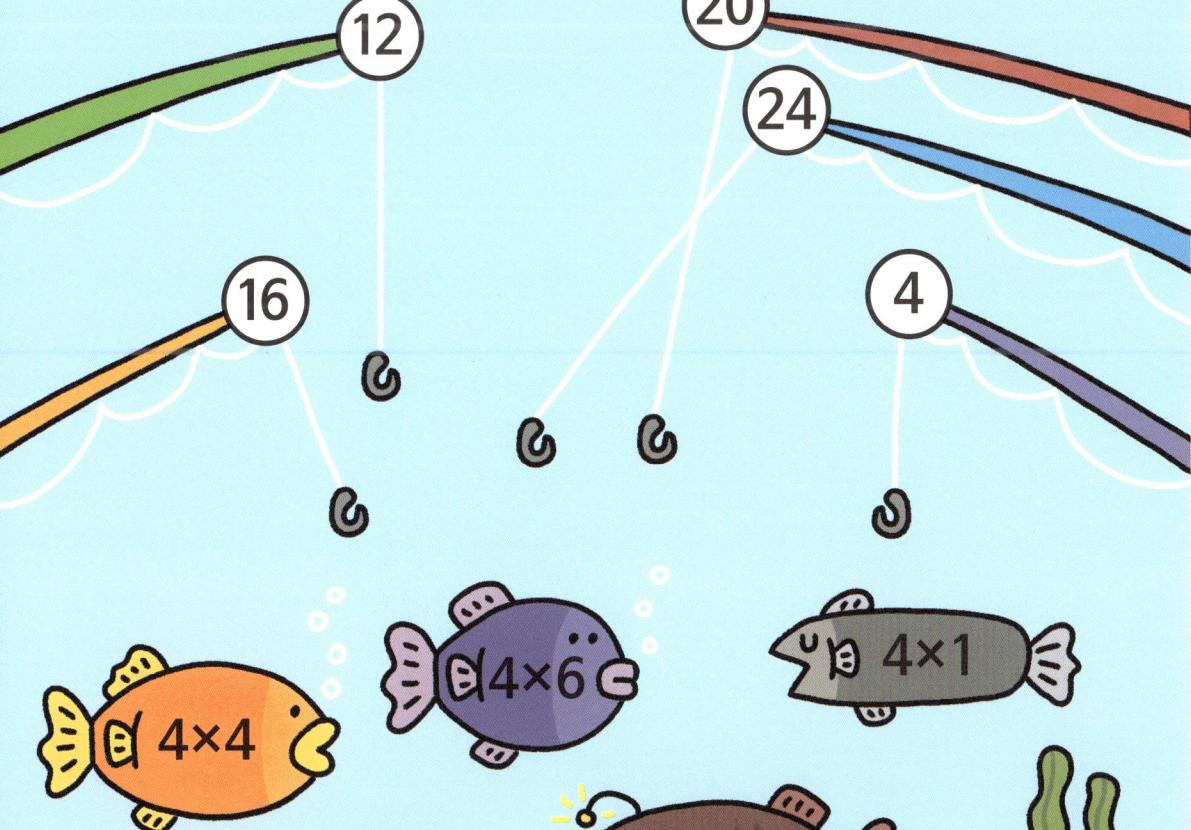

4단 점 잇기

● 4씩 뛰어 세며 점을 연결해 별자리를 완성해 보세요.

카시오페이아자리

게자리

북두칠성

작은곰자리

헤르쿨레스자리

사자자리

4단 색칠하기

○ 곱셈식과 같은 색으로 답을 칠해 보세요.

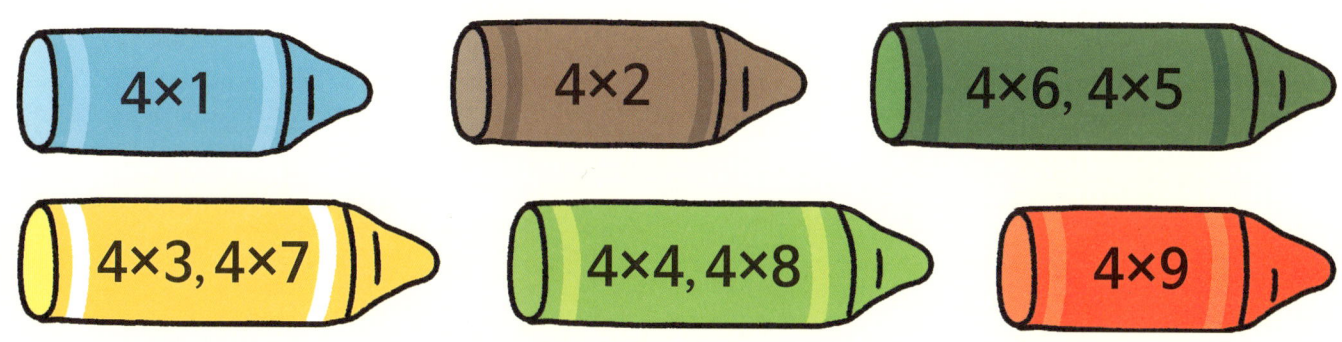

4단 오려 붙이기

○ 빵의 개수를 세어 보고, 알맞은 곱셈식이 적힌 곳에 오려 붙여 보세요.

빵집

4×5   4×1   4×2   4×3

4×4

4단 곱셈식 나타내기

○ 색깔 칸 안에 몇 대의 차가 들어가는지 답을 같은 색으로 칠해 보세요.

○ 4 ○ 8 ○ 12 ○ 20 ○ 28 ○ 36

미로 찾기

● 4단의 알맞은 답을 따라 미로 길을 가 보세요.

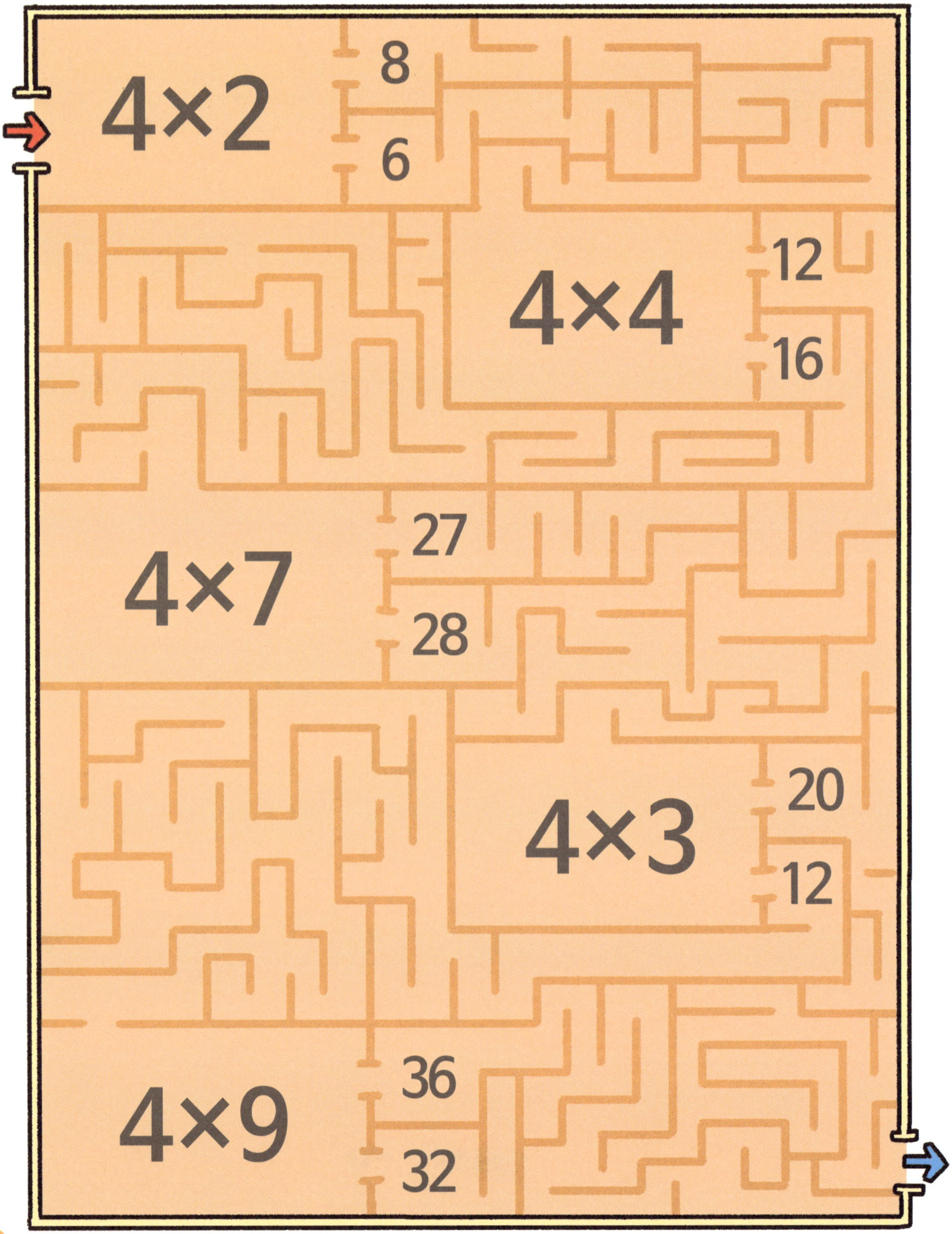

4×2 8 / 6
4×4 12 / 16
4×7 27 / 28
4×3 20 / 12
4×9 36 / 32

4단 그림 그리기

곱셈식의 답만큼 장식과 선물을 그려 그림을 완성해 보세요.

🔴 4×2　⭐ 4×3　🦯 4×1　🎁 4×1

8단 묶어 세기

○ 8씩 묶어 보고, 빈칸에 알맞은 수를 써 보세요.

8씩 1묶음은 [8] 8씩 2묶음은 [ ] 8씩 3묶음은 [ ]

8씩 4묶음은 [ ] 8씩 5묶음은 [ ] 8씩 6묶음은 [ ]

8씩 7묶음은 [ ] 8씩 8묶음은 [ ] 8씩 9묶음은 [ ]

뛰어 세기

○ 8씩 뛰어 센 수를 색칠하고, 빈칸에 알맞은 수를 써 보세요.

1	2	3	4	5	6	7	8	9
10	11	12	13	14	15	16	17	18
19	20	21	22	23	24	25	26	27
28	29	30	31	32	33	34	35	36
37	38	39	40	41	42	43	44	45
46	47	48	49	50	51	52	53	54
55	56	57	58	59	60	61	62	63
64	65	66	67	68	69	70	71	72

8씩 1번 뛰어 세면 8

8씩 2번 뛰어 세면 ☐   +8

8씩 3번 뛰어 세면 ☐   +8

8씩 4번 뛰어 세면 ☐   +8

8씩 5번 뛰어 세면 ☐

8씩 6번 뛰어 세면 ☐   +8

8씩 7번 뛰어 세면 ☐   +8

8씩 8번 뛰어 세면 ☐   +8

8씩 9번 뛰어 세면 ☐   +8

8단 곱셈식으로 나타내기

- 8의 4배를 8×4라고 써요.
- 8×4는 8 곱하기 4라고 읽어요.

○ 8씩 커지는 덧셈식을 채우고, 곱셈식으로 나타내 보세요.

덧셈식	곱셈식
8	8×1=8
8+8= 16	8× 2 = 16
8+8+8=	8× =
8+8+8+8=	8× =
8+8+8+8+8=	8× =
8+8+8+8+8+8=	8× =
8+8+8+8+8+8+8=	8× =
8+8+8+8+8+8+8+8=	8× =
8+8+8+8+8+8+8+8+8=	8× =

○ 빈칸에 알맞은 숫자를 써 보세요.

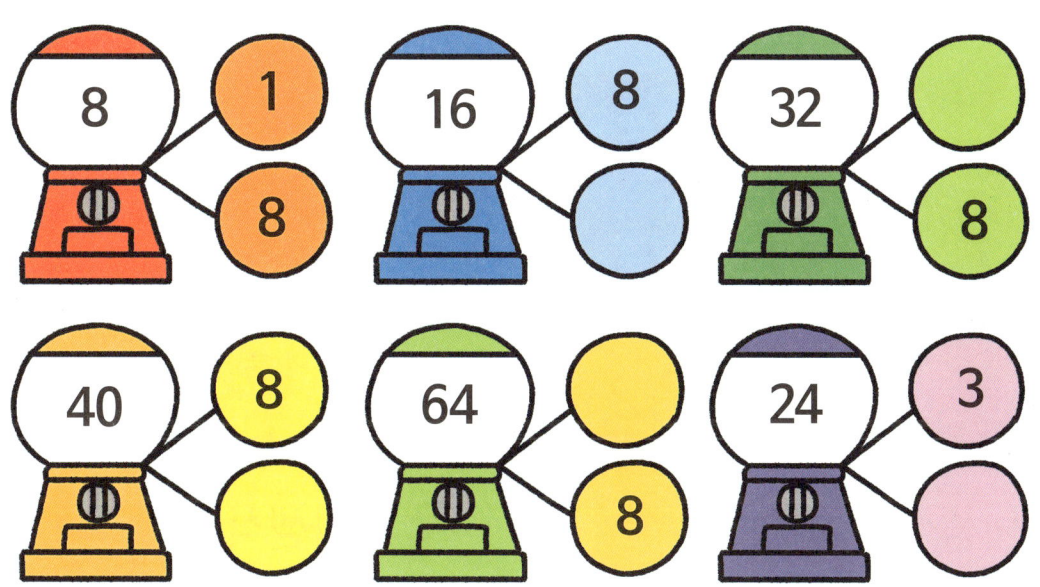

○ 8단의 답이 아닌 사과 5개를 찾아 X 해 보세요.

8 × 1 = 8

8 × 2 = 16

8 × 3 = 24

8 × 4 = 32

8 × 5 = 40

8 × 6 = 48

8 × 7 = 56

8 × 8 = 64

8 × 9 = 72

선 연결하기

○ 사람들이 들고 있는 곱셈식과 알맞은 답의 여행 가방을 연결해 보세요.

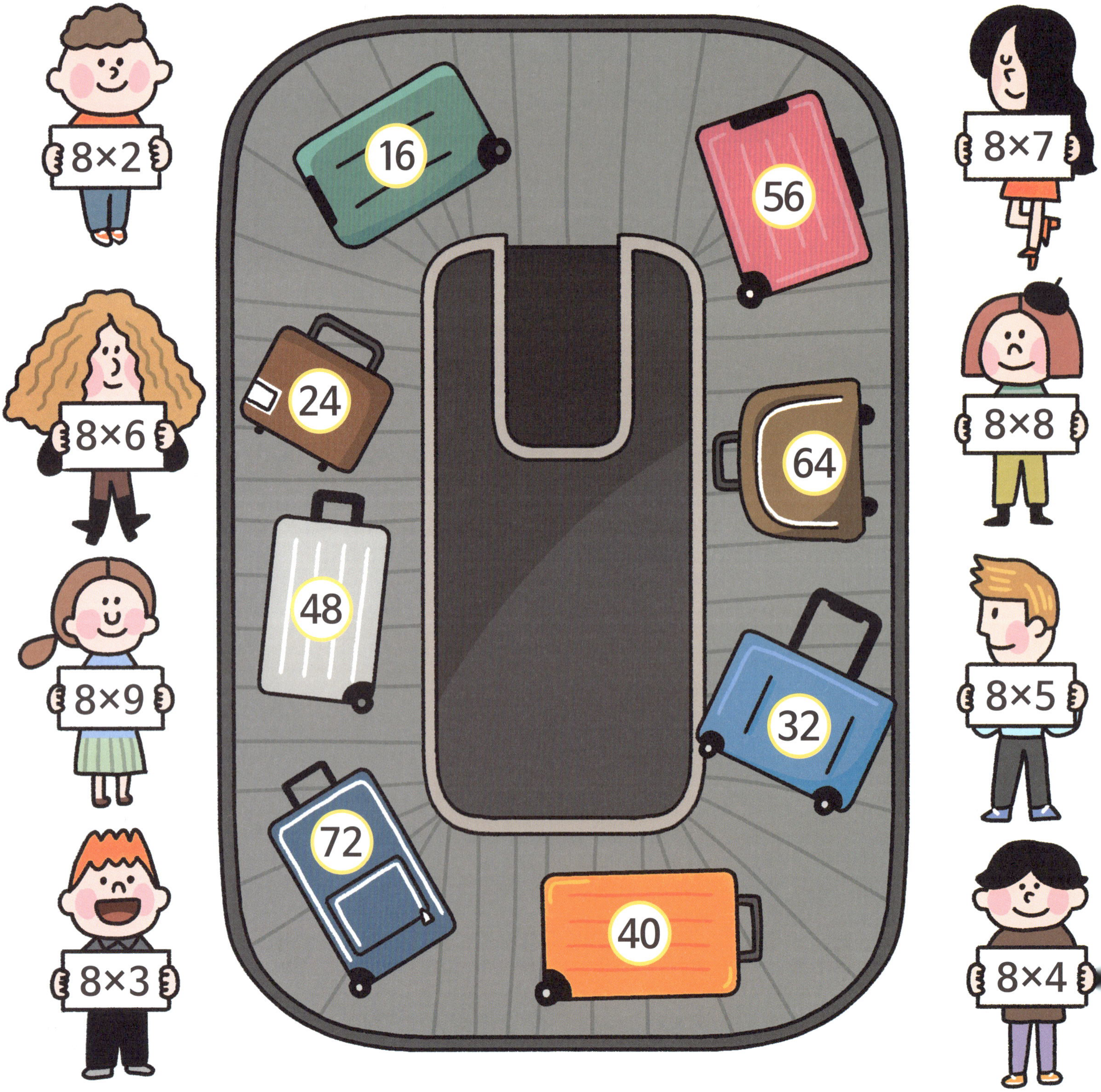

비밀 메모 찾기

● 곱셈식을 풀고, 비밀 메모의 내용을 확인해 보세요.

8×4	8×3			8×5	8×9	8×6	8×1
32							

은   누

8×8	8×7	8×2
		!

궁	재	나	어	좋	해	아	학	똑	수	퍼	구
5	7	8	12	14	16	20	24	30	32	39	40
국	게	한	확	미	똑	밌	정	워	에	있	즐
45	48	52	56	58	60	63	64	70	72	78	81

8단

미로 찾기

8단의 알맞은 곱셈식을 따라 미로 길을 가 보세요.

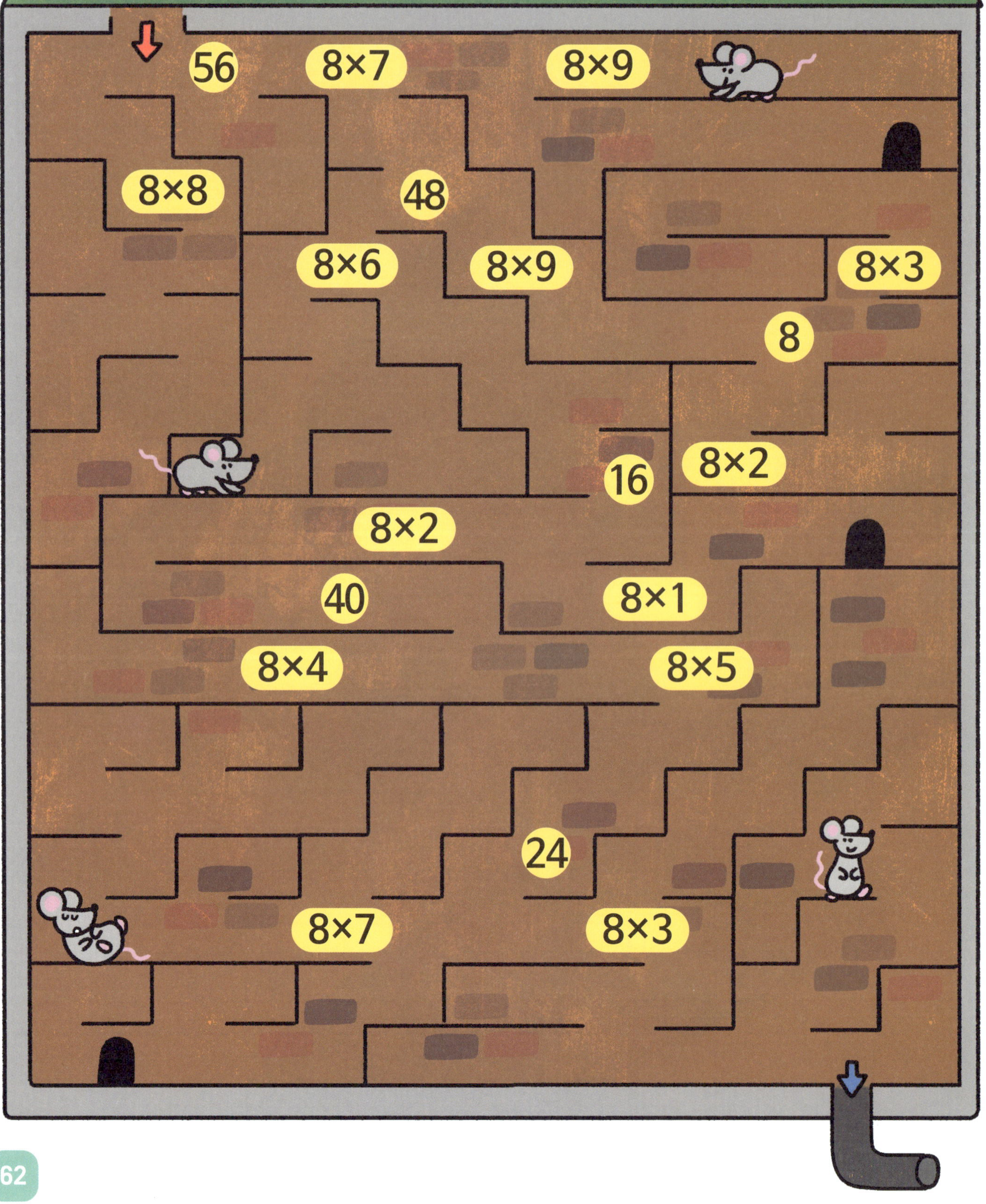

8단

색칠하기

○ 숫자만 쓰인 8단 곱셈식을 찾아 같은 색으로 칠해 보세요.
(가로, 세로로만 놓여 있어요.)

- ✓ 8×1=8
- ☐ 8×2=16
- ☐ 8×3=24
- ☐ 8×4=32
- ☐ 8×5=40
- ☐ 8×6=48
- ☐ 8×7=56
- ☐ 8×8=64
- ☐ 8×9=72

5	8	23	9	3	8	8	64	9	4
3	8	6	48	5	6	30	9	6	2
6	6	36	2	9	18	3	8	7	4
3	6	1	5	6	63	0	1	42	8
4	7	28	10	8	5	40	8	15	8
8	42	27	36	12	4	71	8	12	9
2	34	3	8	5	1	5	4	18	72
16	2	0	7	96	12	6	7	50	11
62	3	14	56	30	9	8	4	32	5
20	8	3	24	3	4	18	66	4	0

63

8단 구구단 퍼즐

○ 규칙을 잘 보고, 각각의 그림에 알맞은 수를 써 보세요.

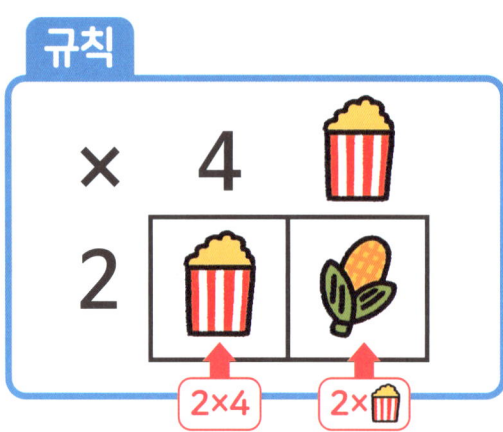

이야기 퀴즈

○ 윤호의 이야기를 읽고, 빈칸을 채워 보세요.

안녕? 내 이름은 최윤호고, 8×1살이야.

우리 집은 수학로 8×9번지고, 행복 아파트 8×2층에 살고 있어.

8×3층에는 할머니가 살고 계셔서 나와 동생을 돌보러 자주 오셔.

오늘은 할머니의 8×8번째 생신날이어서 선물을 사러 시장에 다녀왔어.

8×7번 버스를 타고 시장에 갔는데, 평소보다 차가 많아서 8×5분 걸렸어.

할머니 선물이랑 8개짜리 젤리를 6봉지 사서 기분이 좋았어.

그런데 너무 맛있어서 4봉지를 한 번에 먹었다가 엄마한테 무척 혼났지.

윤호는 몇 살인가요?	살
윤호는 몇 번지에 살고 있나요?	번지
윤호는 몇 층에 살고 있나요?	층
윤호는 젤리를 몇 개 샀나요?	개
윤호는 젤리를 몇 개 먹었나요?	개
몇 번 버스를 타고 시장에 갔나요?	번
시장에 갈 때 몇 분 걸렸나요?	분
할머니의 몇 번째 생신날인가요?	번째
할머니는 몇 층에 살고 계신가요?	층

7단 묶어 세기

○ 7씩 묶어 보고, 빈칸에 알맞은 수를 써 보세요.

7씩 1묶음은 7 　　7씩 2묶음은 ☐ 　　7씩 3묶음은 ☐

7씩 4묶음은 ☐ 　　7씩 5묶음은 ☐ 　　7씩 6묶음은 ☐

7씩 7묶음은 ☐ 　　7씩 8묶음은 ☐ 　　7씩 9묶음은 ☐

뛰어 세기

● 7씩 뛰어 센 수를 색칠하고, 빈칸에 알맞은 수를 써 보세요.

1	2	3	4	5	6	7	8	9
10	11	12	13	14	15	16	17	18
19	20	21	22	23	24	25	26	27
28	29	30	31	32	33	34	35	36
37	38	39	40	41	42	43	44	45
46	47	48	49	50	51	52	53	54
55	56	57	58	59	60	61	62	63

7씩 1번 뛰어 세면 7
+7
7씩 2번 뛰어 세면 ☐
+7
7씩 3번 뛰어 세면 ☐
+7
7씩 4번 뛰어 세면 ☐
+7
7씩 5번 뛰어 세면 ☐

7씩 6번 뛰어 세면 ☐
+7
7씩 7번 뛰어 세면 ☐
+7
7씩 8번 뛰어 세면 ☐
+7
7씩 9번 뛰어 세면 ☐

7단 곱셈식으로 나타내기

- 7의 4배를 7×4라고 써요.
- 7×4는 7 곱하기 4라고 읽어요.

○ 7씩 커지는 덧셈식을 채우고, 곱셈식으로 나타내 보세요.

덧셈식	곱셈식
7	7×1=7
7+7= 14	7× 2 = 14
7+7+7=	7× =
7+7+7+7=	7× =
7+7+7+7+7=	7× =
7+7+7+7+7+7=	7× =
7+7+7+7+7+7+7=	7× =
7+7+7+7+7+7+7+7=	7× =
7+7+7+7+7+7+7+7+7=	7× =

○ 빈칸에 알맞은 숫자를 써 보세요.

7단

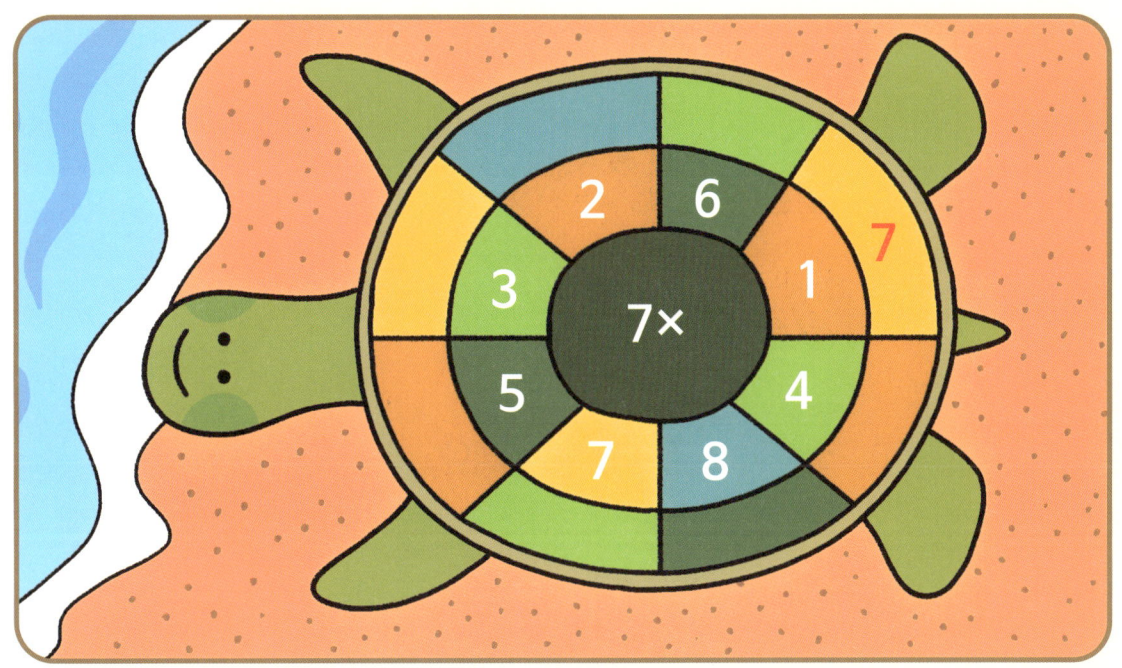

$7 \times 1 = 7$

$7 \times 2 = 14$

$7 \times 3 = 21$

$7 \times 4 = 28$

$7 \times 5 = 35$

$7 \times 6 = 42$

$7 \times 7 = 49$

$7 \times 8 = 56$

$7 \times 9 = 63$

○ 7단의 답인 풍선 6개를 찾아 V 해 보세요.

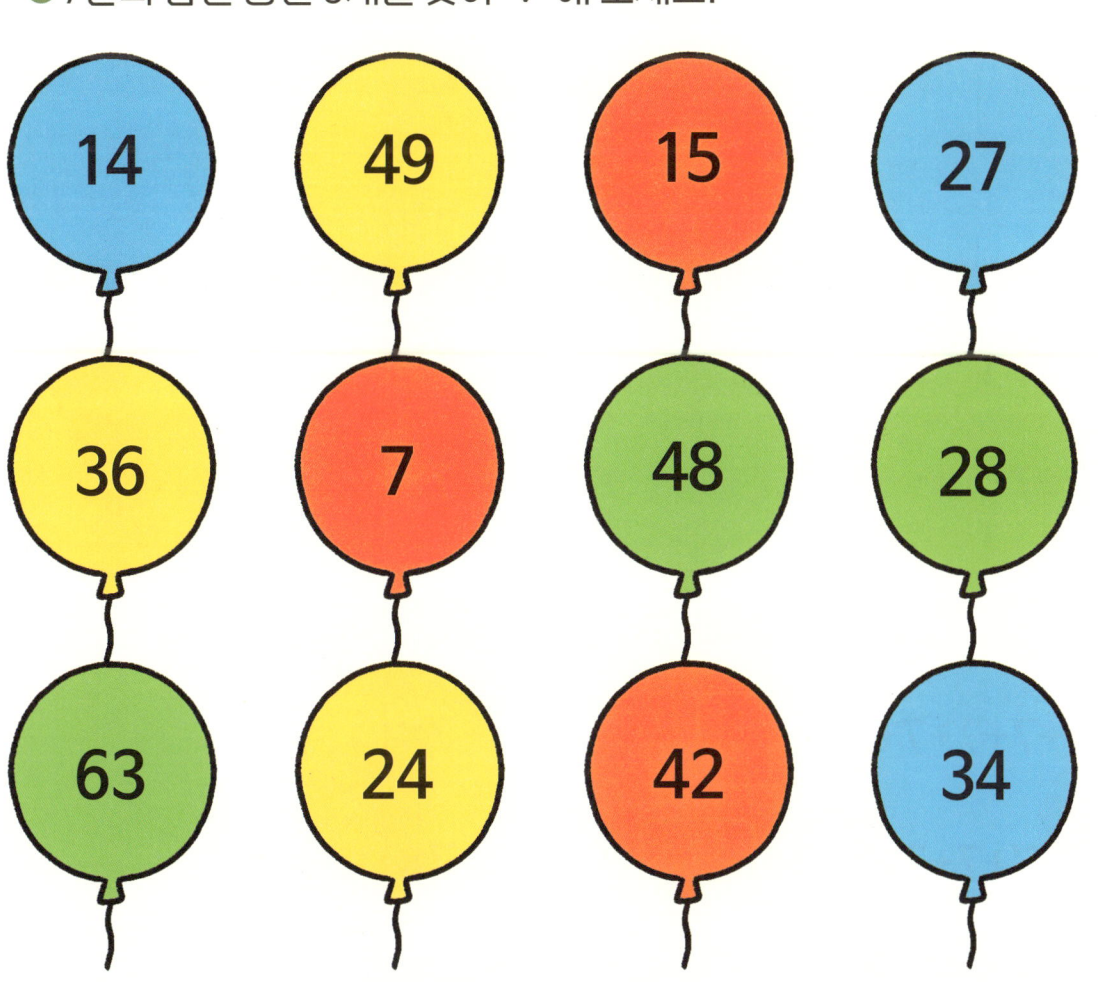

69

7단

구구단 가족 나무

○ 7단을 외우면서 가족들의 나이를 써 보세요.

큰아버지
외할머니
7×9=
7×7=
아빠
엄마
7×6=
7×5=
이모
사촌누나
7×3=
7×4=
형
나
7×2=
7×1=

7단

오려 붙이기

● 알맞은 답이 쓰인 퍼즐 조각을 오려 붙여 보세요.

	7×9	
7×5		7×3
7×7	7×1	
	7×8	

63

56

35

49

7

21

7단

색칠하기

● 답을 곱셈식과 같은 색으로 칠해 보세요.

7	7	7	7	7	7	7	7	7	7	7	7	7
7	7	7	7	7	7	7	7	7	7	7	7	7
7	7	7	7	7	7	7	7	7	7	7	49	7
7	7	7	49	49	7	7	7	7	7	49	63	63
7	7	42	42	42	42	7	7	7	49	63	56	7
7	28	42	21	42	42	7	7	49	63	56	7	56
28	28	42	42	42	42	28	28	49	63	7	7	7
14	14	42	42	42	42	42	42	42	42	14	14	14
14	14	42	42	42	42	42	42	42	42	14	14	14
14	14	14	42	42	42	42	42	42	42	14	14	14
14	14	14	42	42	42	42	42	42	14	14	14	14
14	14	14	14	14	28	14	14	14	14	14	14	14
35	35	35	35	28	28	35	35	35	35	35	35	35

7단 점 잇기

● 7부터 63까지 반복해서 7씩 뛰어 세며 점을 연결해 보세요.

7단 그림 그리기

● 동물들이 원하는 대로 그림을 그려 보세요.

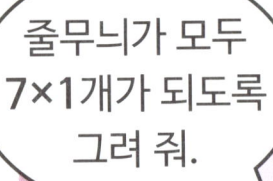

줄무늬가 모두 7×1개가 되도록 그려 줘.

회오리 무늬가 모두 7×2개가 되도록 그려 줘.

하트 무늬가 모두 7×3개가 되도록 그려 줘.

갈기가 모두 7×4개가 되도록 그려 줘.

이빨이 모두 7×5개가 되도록 그려 줘.

미로 찾기

● 누구를 만나는지 7단의 알맞은 답을 따라 미로 길을 가 보세요.

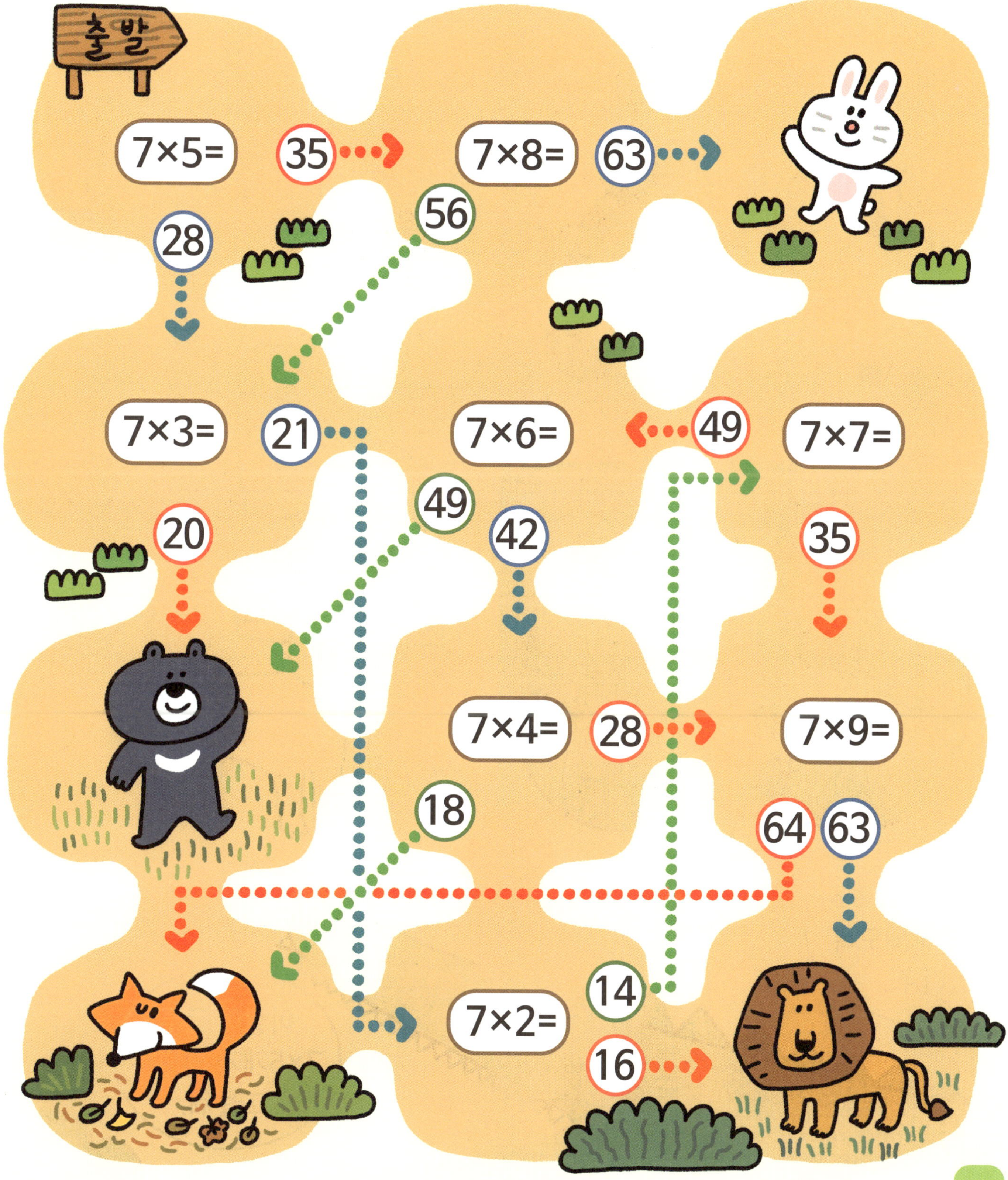

9단 묶어 세기

○ 9씩 묶어 보고, 빈칸에 알맞은 수를 써 보세요.

9씩 1묶음은 9   9씩 2묶음은 ☐   9씩 3묶음은 ☐

9씩 4묶음은 ☐   9씩 5묶음은 ☐   9씩 6묶음은 ☐

9씩 7묶음은 ☐   9씩 8묶음은 ☐   9씩 9묶음은 ☐

뛰어 세기

○ 9씩 뛰어 센 수를 색칠하고, 빈칸에 알맞은 수를 써 보세요.

1	2	3	4	5	6	7	8	9
10	11	12	13	14	15	16	17	18
19	20	21	22	23	24	25	26	27
28	29	30	31	32	33	34	35	36
37	38	39	40	41	42	43	44	45
46	47	48	49	50	51	52	53	54
55	56	57	58	59	60	61	62	63
64	65	66	67	68	69	70	71	72
73	74	75	76	77	78	79	80	81

9씩 **1**번 뛰어 세면 9

9씩 **2**번 뛰어 세면 ☐   +9

9씩 **3**번 뛰어 세면 ☐   +9

9씩 **4**번 뛰어 세면 ☐   +9

9씩 **5**번 뛰어 세면 ☐   +9

9씩 **6**번 뛰어 세면 ☐   +9

9씩 **7**번 뛰어 세면 ☐   +9

9씩 **8**번 뛰어 세면 ☐   +9

9씩 **9**번 뛰어 세면 ☐

9단 곱셈식으로 나타내기

- 9의 4배를 9×4라고 써요.
- 9×4는 9 곱하기 4라고 읽어요.

○ 9씩 커지는 덧셈식을 채우고, 곱셈식으로 나타내 보세요.

덧셈식	곱셈식
9	9×1=9
9+9= 18	9× 2 = 18
9+9+9= ☐	9× ☐ = ☐
9+9+9+9= ☐	9× ☐ = ☐
9+9+9+9+9= ☐	9× ☐ = ☐
9+9+9+9+9+9= ☐	9× ☐ = ☐
9+9+9+9+9+9+9= ☐	9× ☐ = ☐
9+9+9+9+9+9+9+9= ☐	9× ☐ = ☐
9+9+9+9+9+9+9+9+9= ☐	9× ☐ = ☐

○ 빈칸에 알맞은 숫자를 써 보세요.

9단

9×1=9

9×2=18

9×3=27

9×4=36

9×5=45

9×6=54

9×7=63

9×8=72

9×9=81

○ 9씩 많거나 적게 뛰어 세며 빈칸에 알맞은 숫자를 써 보세요.

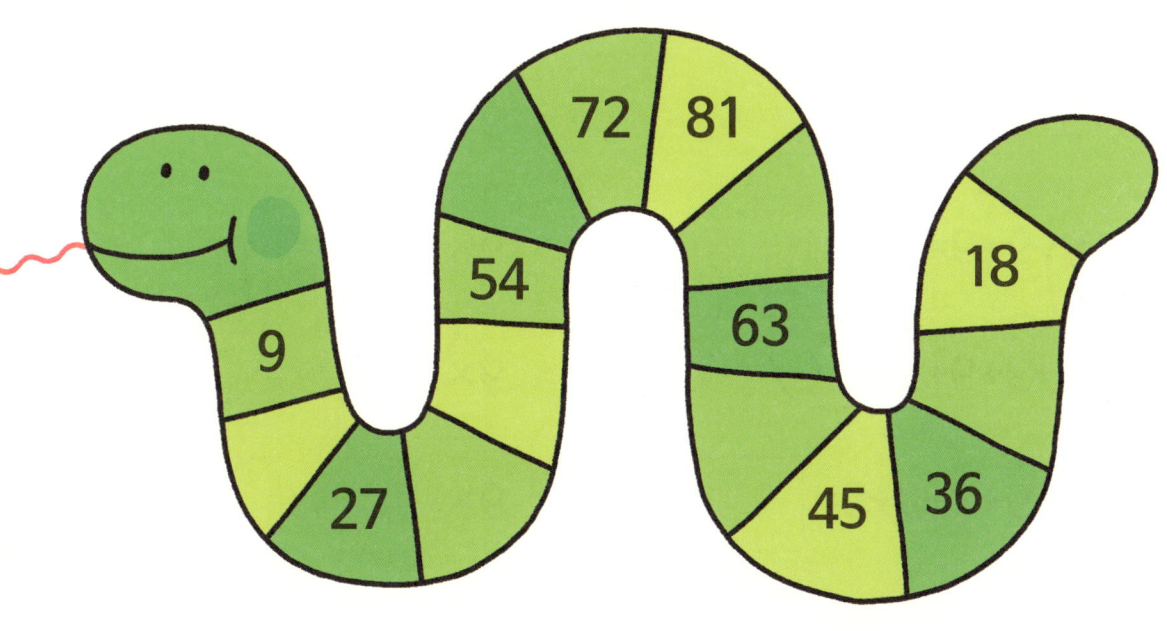

9단 손가락 구구단 놀이

● 보기를 보고, 손가락으로 9단을 외우면서 빈칸을 채워 보세요.

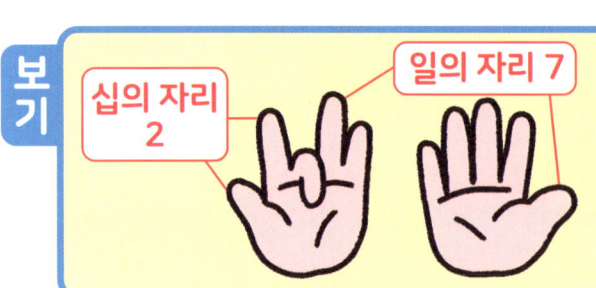

보기: 십의 자리 2, 일의 자리 7
9×3=27
세 번째 손가락을 접어요.

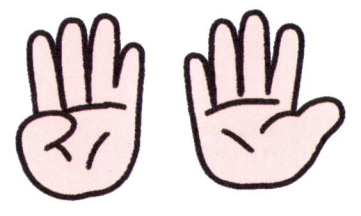

9×1=

9×2=1⬜

9×⬜=⬜7

9×⬜=⬜6

9×5=4⬜

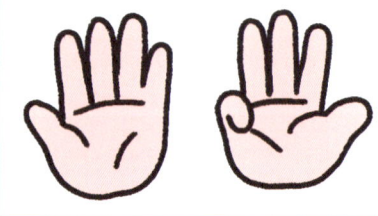

9×6=⬜4

9×⬜=⬜6

9×⬜=⬜7

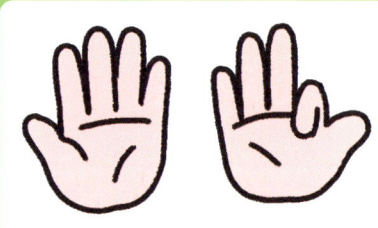

9×9=⬜1

9단 선 따라가기

● 곱셈식과 답이 연결된 선을 따라가며 빈칸을 알맞게 채워 보세요.

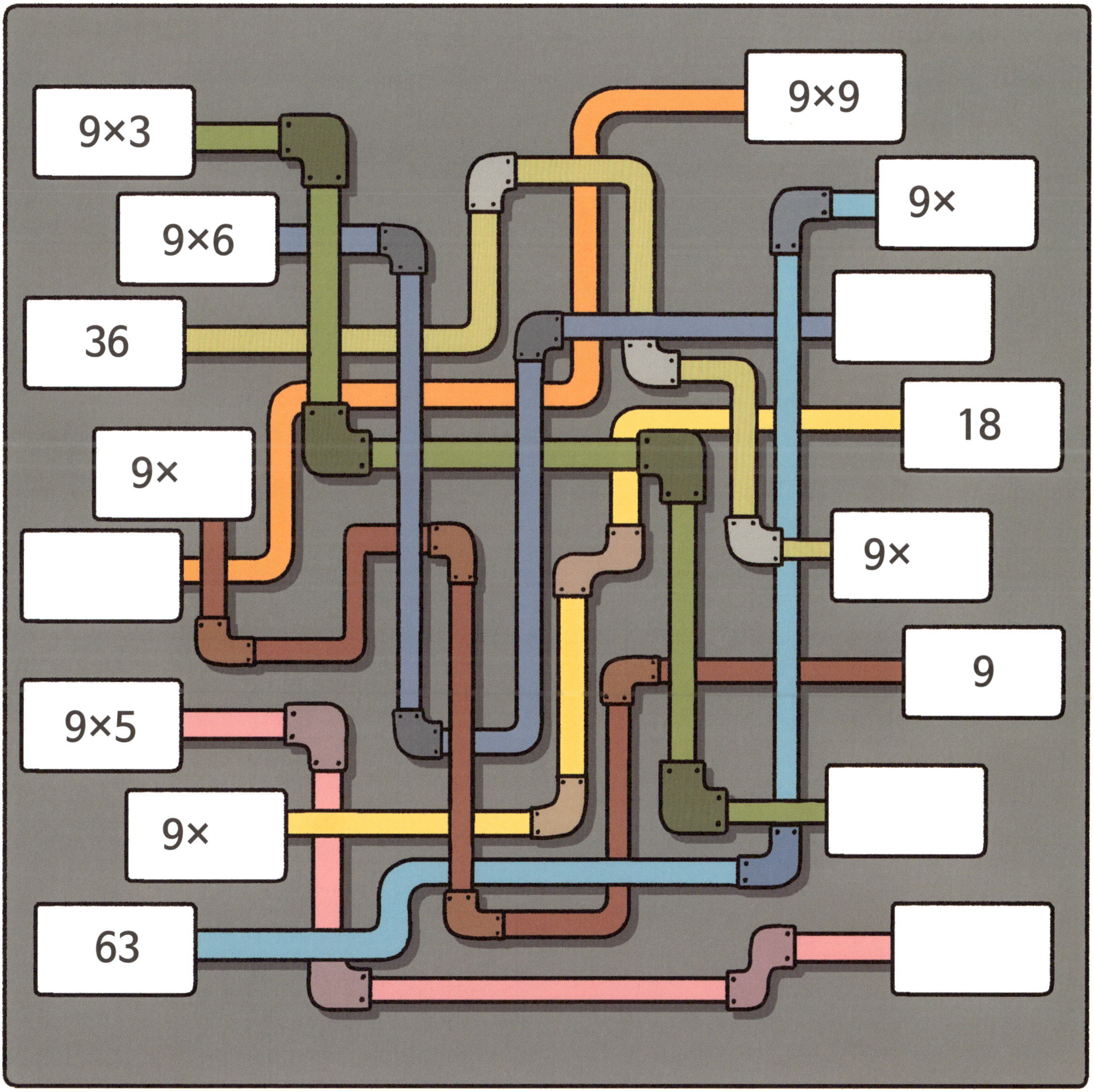

81

9단

점 잇기

빈칸에 답을 쓰며 1부터 100까지 점을 연결해 보세요.

9×1=□
9×2=□
9×3=□
9×4=□
9×5=□
9×6=□
9×7=□
9×8=□
9×9=□

9단 그림 추리 퀴즈

● 번호판과 키를 보고, 범인이 누구인지 찾아 ○ 해 보세요.

범인의 키는 9×6보다 크다.
범인의 키는 9×9보다 작다.
범인의 키는 9×7은 아니다.

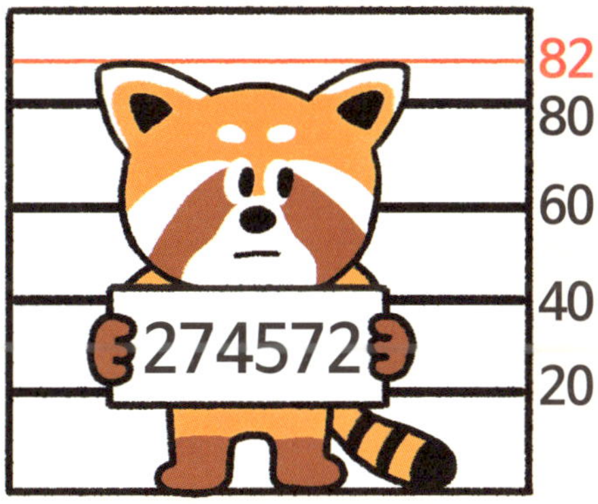

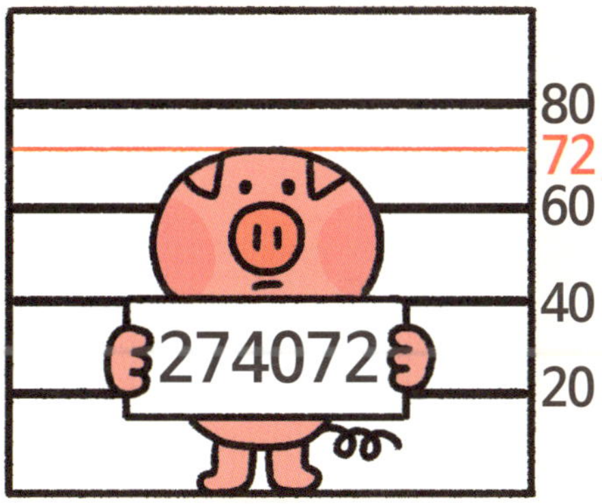

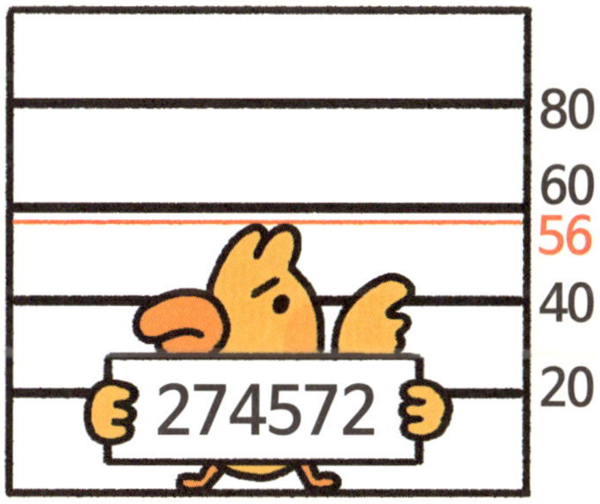

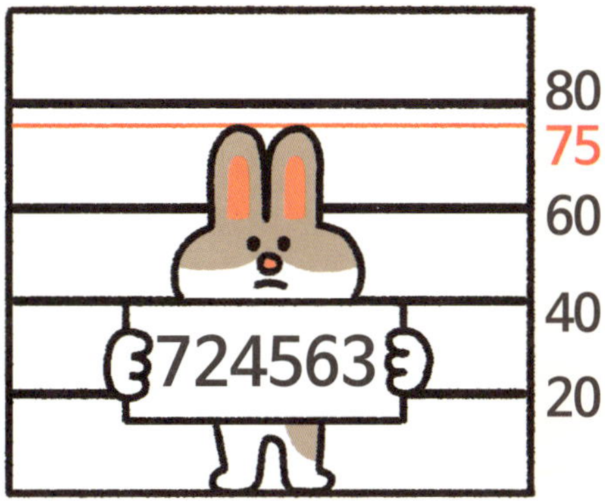

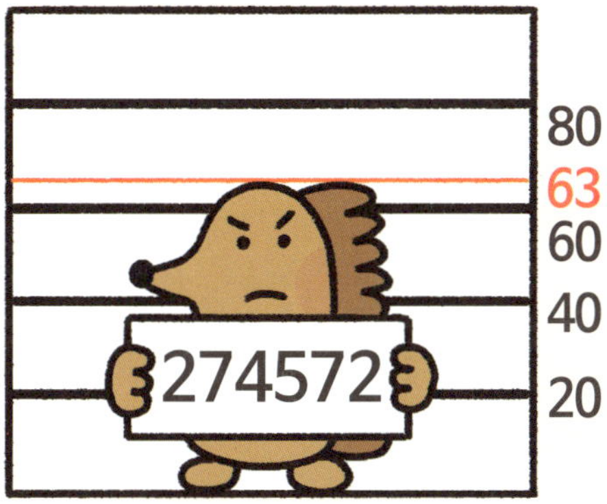

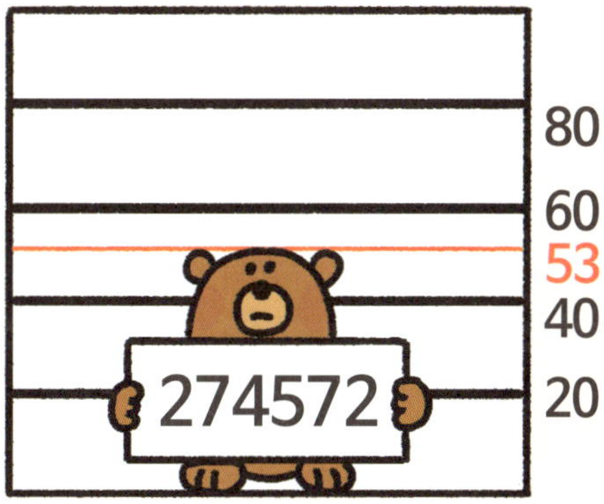

9단

미로 찾기

● 두더지가 누구네 집으로 가는지 알맞은 곱셈식만 따라가 보세요.

9단

색칠하기

각각의 곱셈식의 답을 찾고, 아래 빈칸을 색칠해 보세요.

가 1	9×3=	27	36
가 2	9×4=	32	36
가 3	9×1=	9	8
가 4	9×9=	72	81
나 1	9×8=	72	64
나 2	9×7=	63	66
나 3	9×6=	50	54
나 4	9×2=	18	16
다 1	9×5=	42	45
다 2	7×9=	35	63
다 3	6×9=	54	48
다 4	5×9=	45	40
라 1	1×9=	9	10
라 2	2×9=	11	18
라 3	4×9=	32	36
라 4	3×9=	27	24

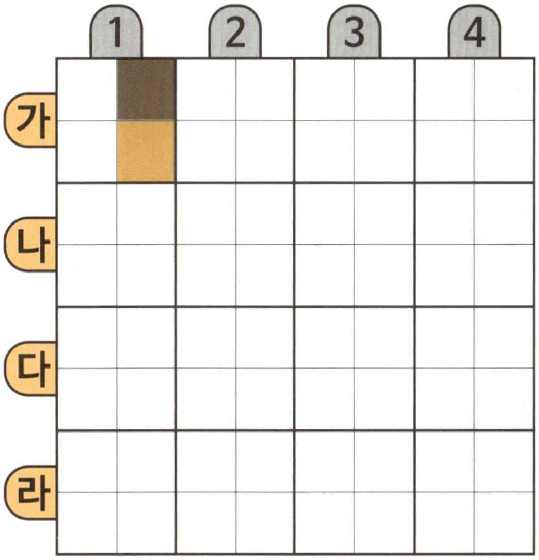

1단 곱셈식으로 나타내기

○ 연필꽂이가 늘어날 때마다 연필은 몇 개인지 빈칸을 채워 보세요.

그림	곱셈식
(연필꽂이 1개)	1 × 1 = 1 (연필꽂이의 개수 / 연필의 개수)
(연필꽂이 2개)	1 × 2 = 2
(연필꽂이 3개)	1 × ☐ = ☐
(연필꽂이 4개)	1 × ☐ = ☐
(연필꽂이 5개)	1 × ☐ = ☐
(연필꽂이 6개)	1 × ☐ = ☐
(연필꽂이 7개)	1 × ☐ = ☐
(연필꽂이 8개)	1 × ☐ = ☐
(연필꽂이 9개)	1 × ☐ = ☐

1씩 커지는 수를 색칠하며 길을 가 보세요.

				1	2	3	4	6
				6	11	10	5	7
8	16	15	17	11	8	7	6	12
14	13	12	11	10	9			
15	16	17	18	19	20			

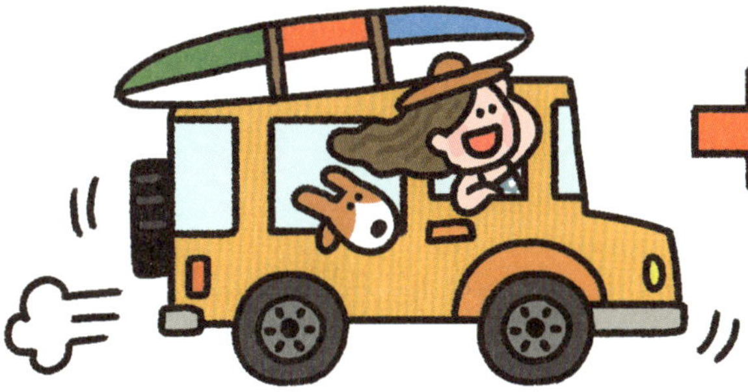

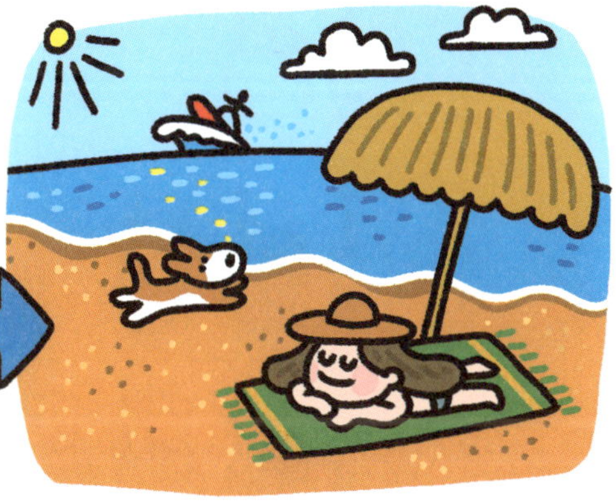

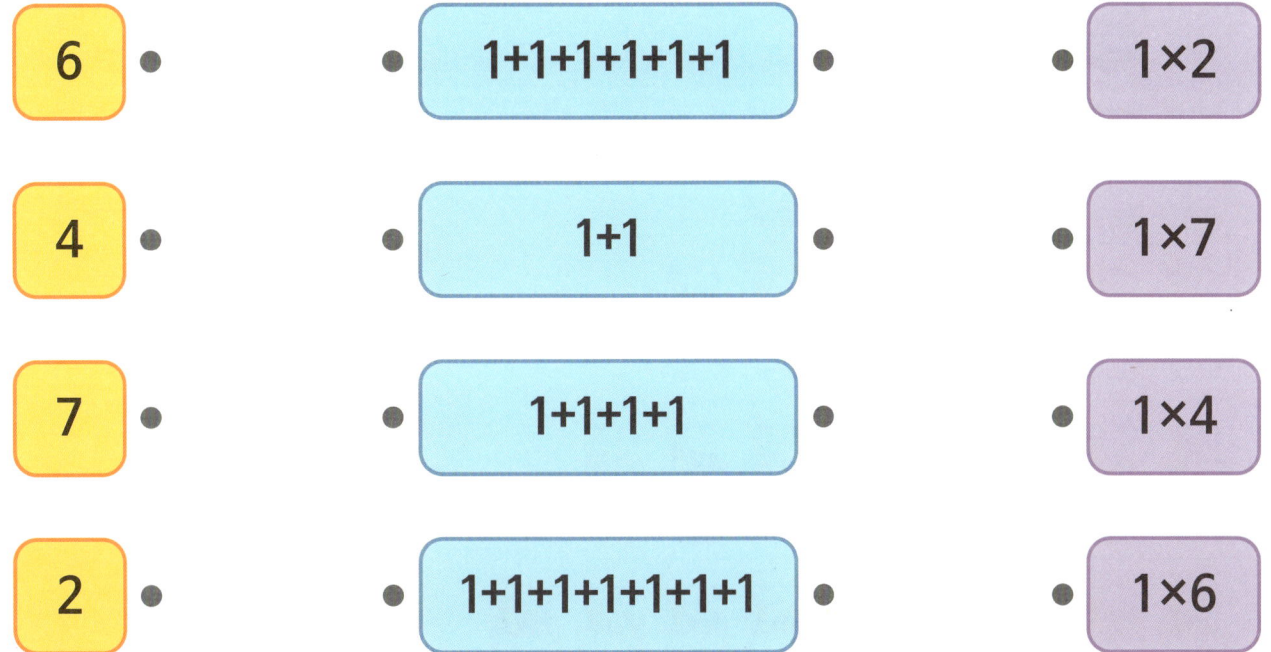

1단을 떠올리며 같은 값끼리 선으로 연결해 보세요.

6	1+1+1+1+1+1	1×2
4	1+1	1×7
7	1+1+1+1	1×4
2	1+1+1+1+1+1+1	1×6

0단 곱셈식으로 나타내기

○ 꽃병이 늘어날 때마다 꽃은 몇 개인지 빈칸을 채워 보세요.

그림	곱셈식
🏺	0 × 1 = 0 (꽃병의 개수 / 꽃의 개수)
🏺🏺	0 × 2 = 0
🏺🏺🏺	0 × ☐ = ☐
🏺🏺🏺🏺	0 × ☐ = ☐
🏺🏺🏺🏺🏺	0 × ☐ = ☐
🏺🏺🏺🏺🏺🏺	0 × ☐ = ☐
🏺🏺🏺🏺🏺🏺🏺	0 × ☐ = ☐
🏺🏺🏺🏺🏺🏺🏺🏺	0 × ☐ = ☐
🏺🏺🏺🏺🏺🏺🏺🏺🏺	0 × ☐ = ☐

왼쪽 수에 0씩 더한 수를 빈칸에 써 보세요.

	+0	+0	+0	+0	+0	+0	+0	+0
0	0							

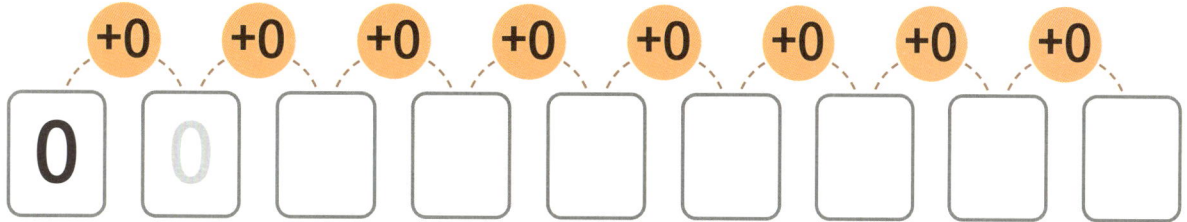

값이 0인 칸을 모두 찾아 색칠해 보세요.

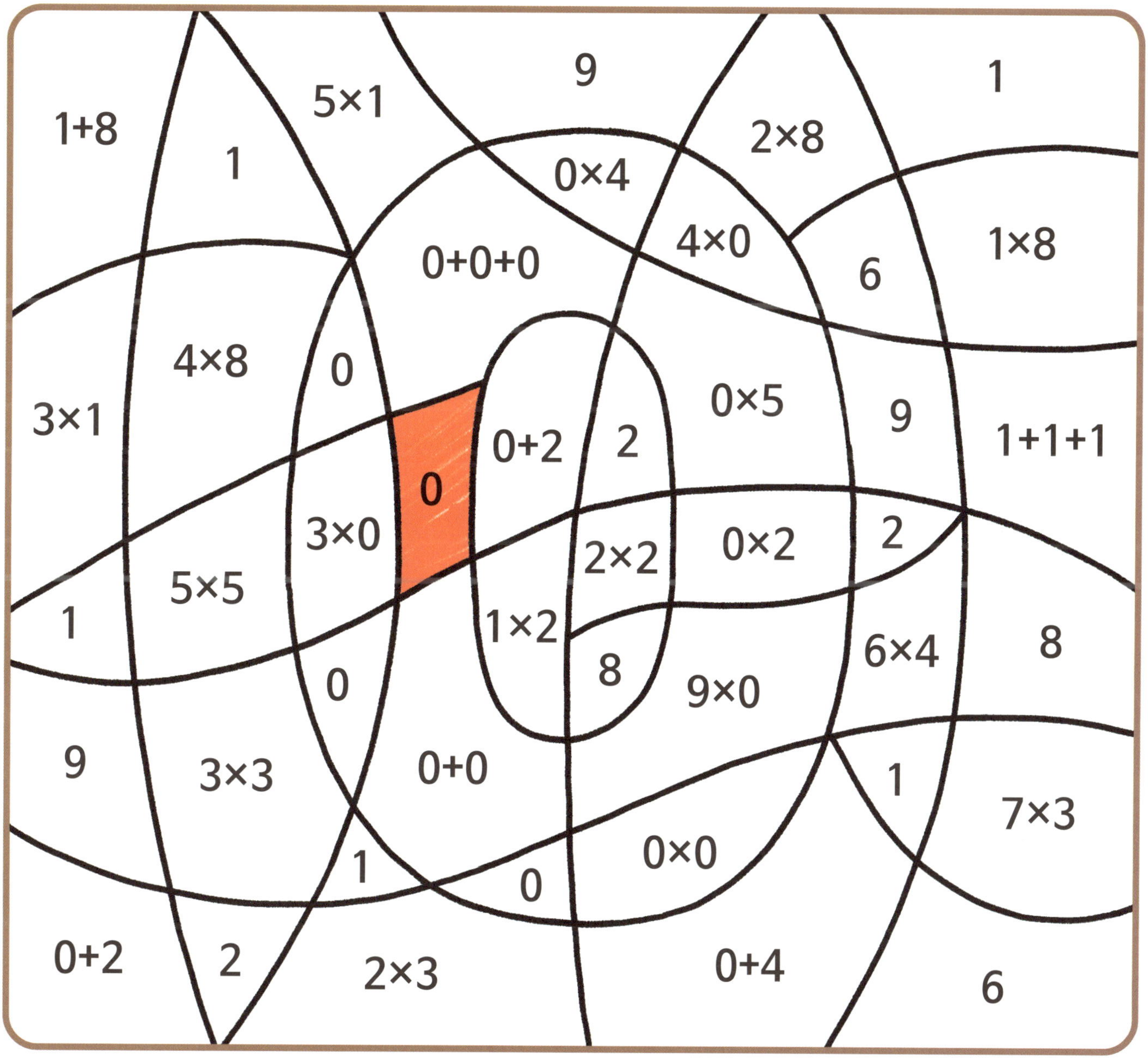

배운 내용을 떠올리며 문제를 풀어 보세요.

★ 점 잇기 ★

덧셈식과 곱셈식을 풀며 1부터 30까지 점을 연결해 보세요.

비밀 메모 찾기

○ 곱셈식을 풀고, 비밀 메모의 내용을 확인해 보세요.

8	40	36	54	30	18	22	12	34	56	24	27	32	28	52
는	고	!	셈	있	구	곱	쉽	즐	미	구	재	운	단	거

3×4=

8×5=

9×3=

7×8=

5×6=

2×4=

8×3=

2×9=

4×7=

6×6=

선 연결하기

● 마녀가 들고 있는 곱셈식과 알맞은 답의 빗자루를 연결해 보세요.

48

8×6

5×3

36

14

2×7

8×2

28

16

15

9×4

7×4

보물 찾기

○ 보물과 동물의 위치를 표시하고, 보물과 가장 가까운 동물을 찾아 ○ 해 보세요.

9×7　　4×4　　8×8　　2×3

5×4　　6×9　　3×7

그림 추리 퀴즈

○ 딴 버섯의 점수를 곱한 값이 가장 큰 동물을 찾아 ○ 해 보세요.

3점 4점 5점 6점 7점 8점 9점

구구단 찾기

○ 빈칸을 채우고, 숫자만 쓰인 곱셈식을 찾아보세요. (가로, 세로로만 놓여 있어요.)

0×5= 0   1×4= ☐   2×7= ☐   3×7= ☐
4×4= ☐   5×9= ☐   6×8= ☐   7×5= ☐
8×3= ☐   8×8= ☐   9×3= ☐   9×9= ☐

69	5	9	45	27	16	8	7	24	11
2	28	3	11	5	3	7	21	37	14
7	52	43	0	3	30	41	7	5	0
14	40	9	5	2	17	3	52	15	1
1	8	56	0	6	6	36	7	5	35
9	3	27	4	11	8	5	6	8	30
30	4	2	39	30	48	1	0	37	10
17	9	7	12	20	72	5	42	1	8
3	9	2	8	9	4	17	20	4	18
20	81	26	0	43	1	8	4	4	16
42	7	8	8	64	10	3	30	10	56
9	8	30	32	5	2	24	0	9	20

구구단 방 탈출

○ 같은 줄에서 가장 값이 큰 타일만 밟으며 방을 탈출해 보세요.

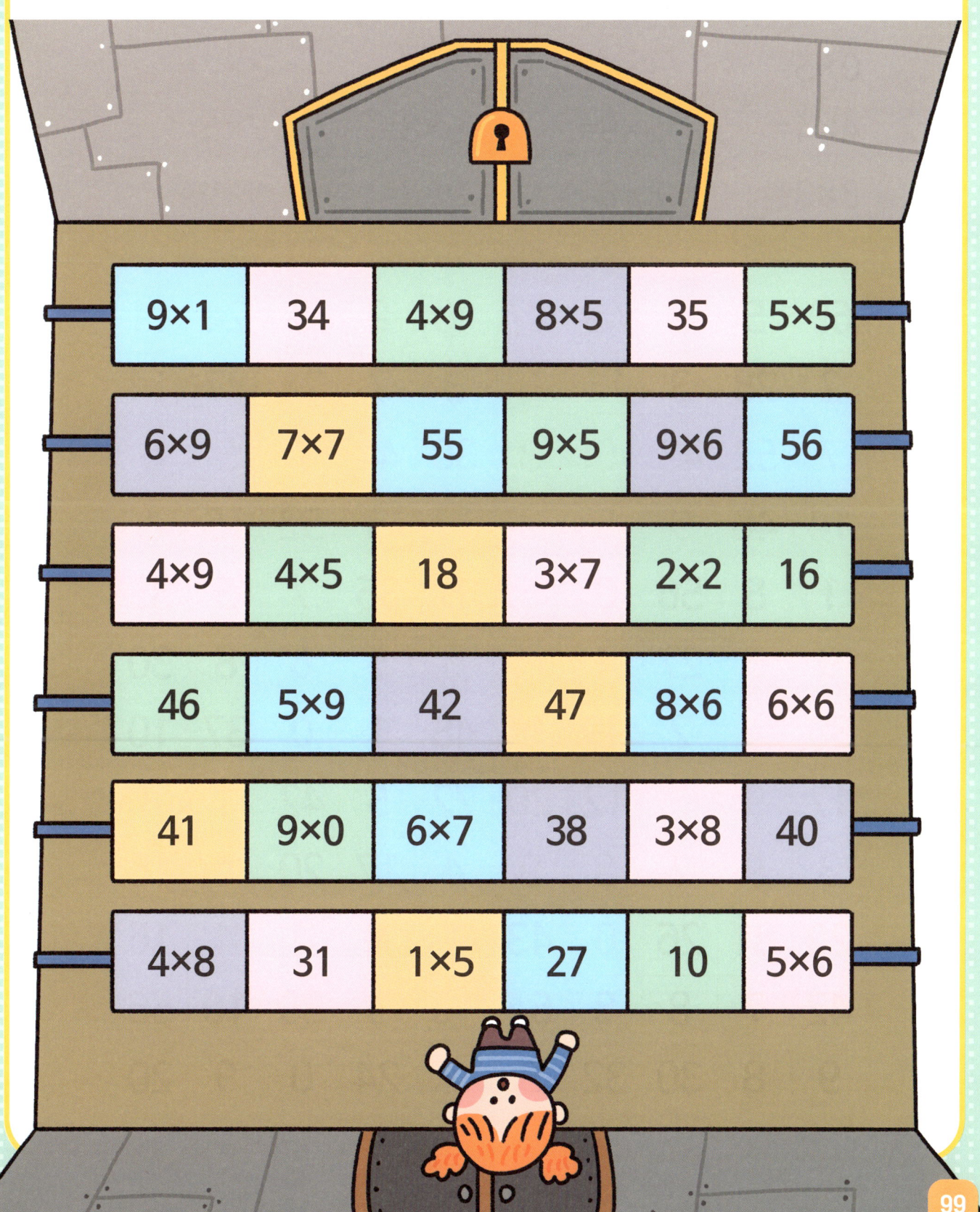

가로세로 퍼즐

○ 알맞은 곱셈식이 되도록 빈칸을 채워 보세요.

덧셈 곱셈 퍼즐

○ 양옆의 숫자를 곱하면 위 칸, 더하면 아래 칸의 값이 돼요. 빈칸을 알맞게 채워 보세요.

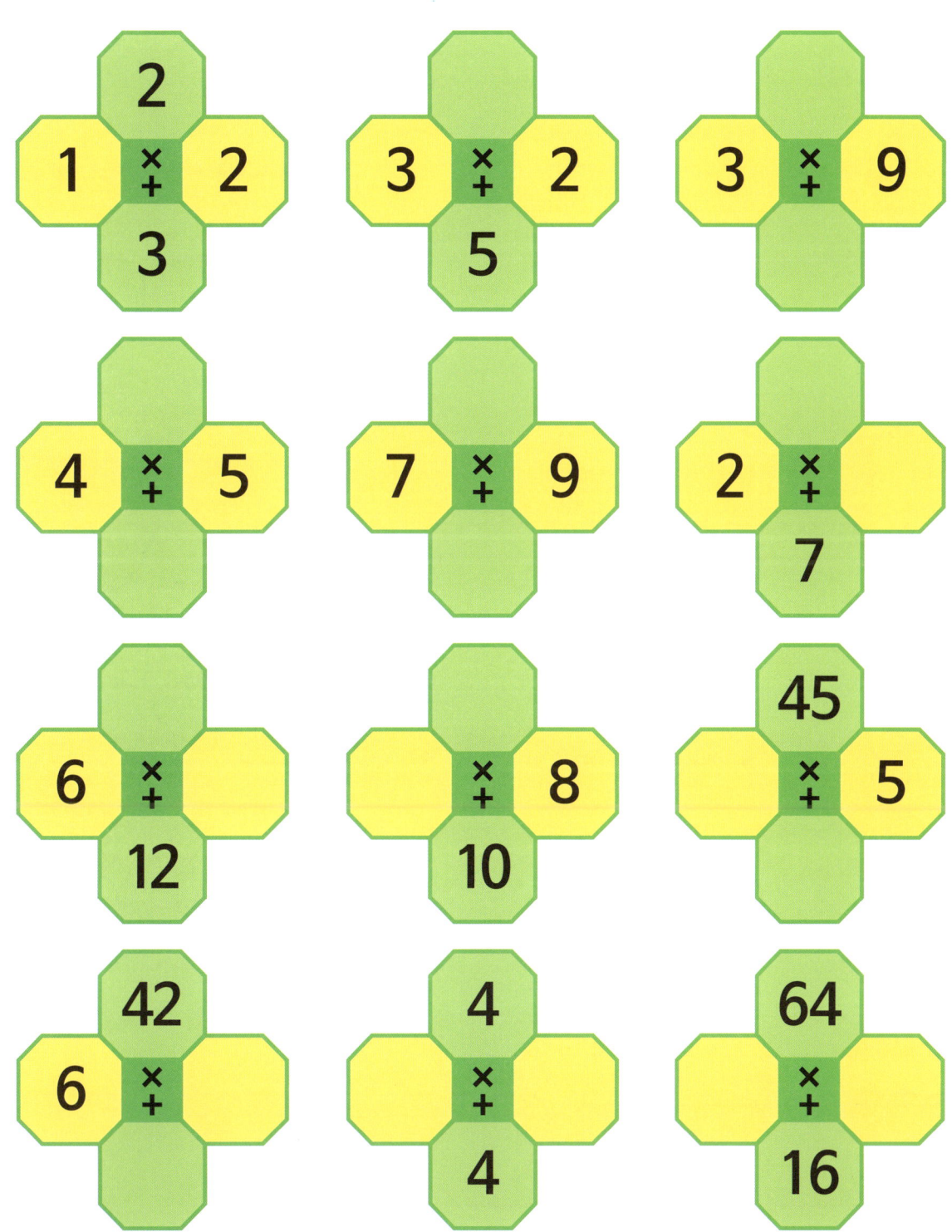

미로 찾기

○ 다람쥐들이 가진 솔방울의 개수를 맞히고, 답에 적힌 방향과 숫자대로 길을 따라가 간식을 찾아 ○ 해 보세요.

나는 숲에서 솔방울을 6개씩 5번 주웠어.
30 오른쪽으로 3칸
32 아래로 4칸

나는 솔방울을 4개씩 4번 주웠어.
12 아래로 2칸
16 아래로 5칸

나는 솔방울을 9개씩 7번 주웠어.
64 오른쪽으로 1칸
63 왼쪽으로 2칸

난 7개씩 3번 가져왔는데, 그중 2개는 잃어버렸어.
19 아래로 2칸
21 아래로 3칸

3개씩 9번 줍고, 다시 가서 1개를 더 가져왔어.
27 왼쪽으로 3칸
28 오른쪽으로 3칸

8개씩 6번 가져왔어. 그중 10개는 친구에게 줬어.
38 위로 2칸
48 오른쪽으로 1칸

곱셈표

○ 가로와 세로의 수가 만나는 곳에 곱한 답을 적어 곱셈표를 채워 보세요.

×	1	2	③	4	5	6	7	8	9
1	1	2	3	4	5		7		9
②	2	4	6					16	
3	3				15		21		
4	4								
5						30		40	
6	6		18						
7		14		28					
8	8						56		72
9						54			

2×3=6

정답

*묶어 세기는 묶음 안에 개수만 맞으면 정답이에요.

6-7쪽

8-9쪽
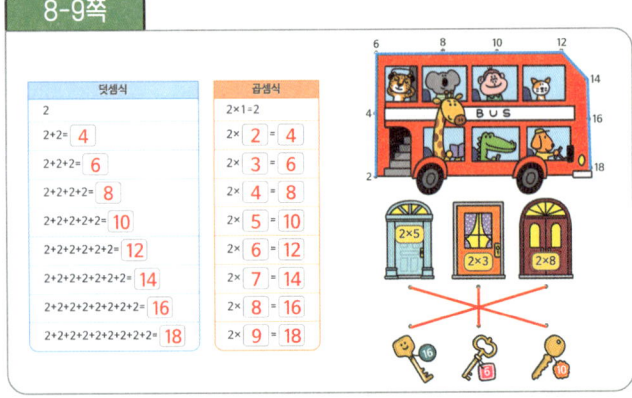

10-11쪽
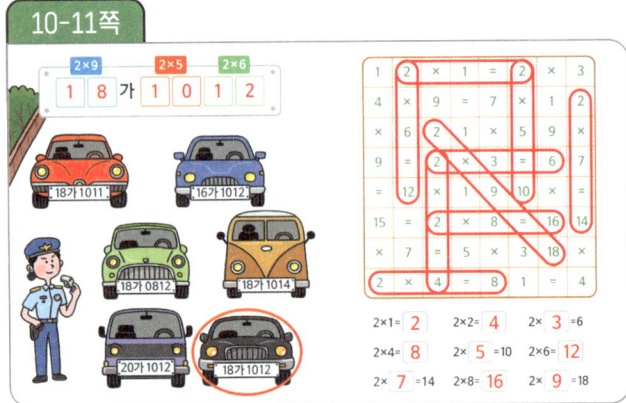

12-13쪽

14-15쪽

16-17쪽
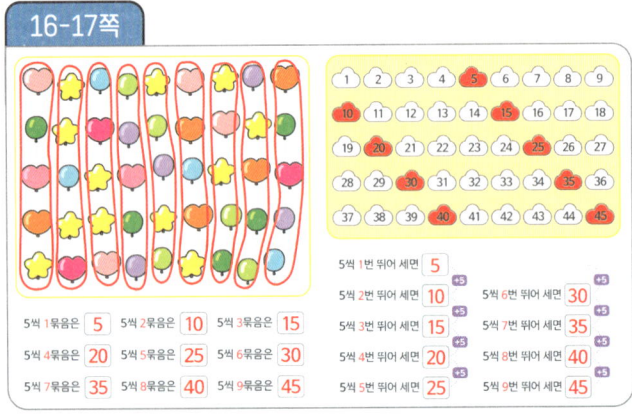

18-19쪽
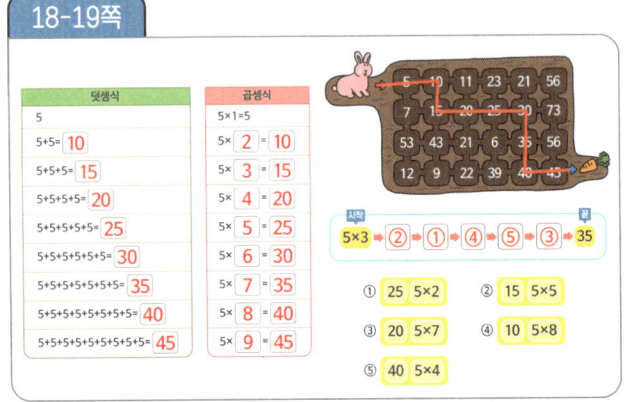

20-21쪽

22-23쪽
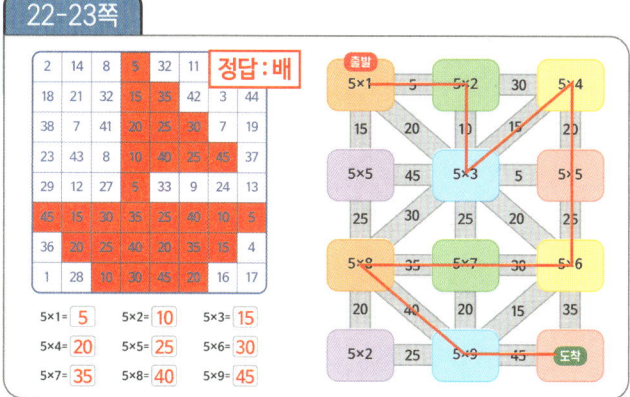

24-25쪽

26-27쪽

28-29쪽

30-31쪽

32-33쪽
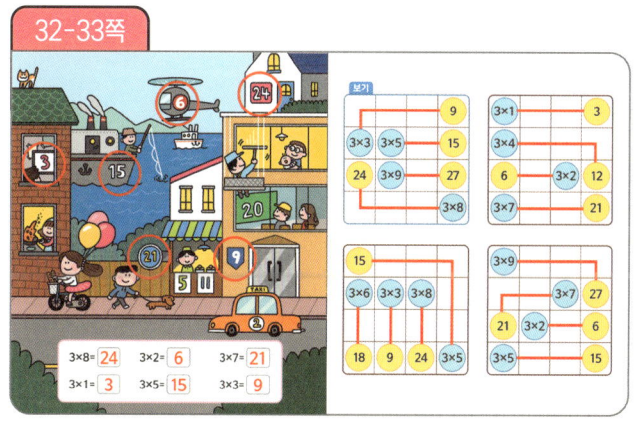

34-35쪽

36-37쪽

정답

38-39쪽

40-41쪽
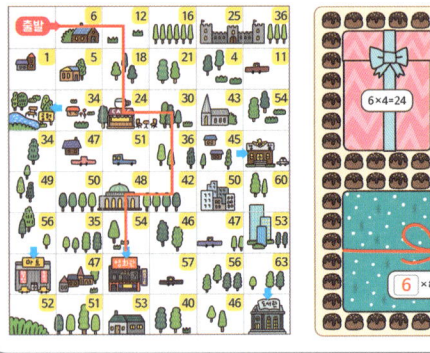

42-43쪽

44-45쪽
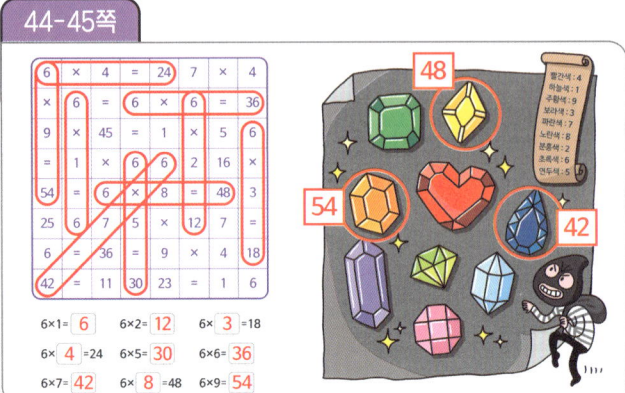

46-47쪽

48-49쪽
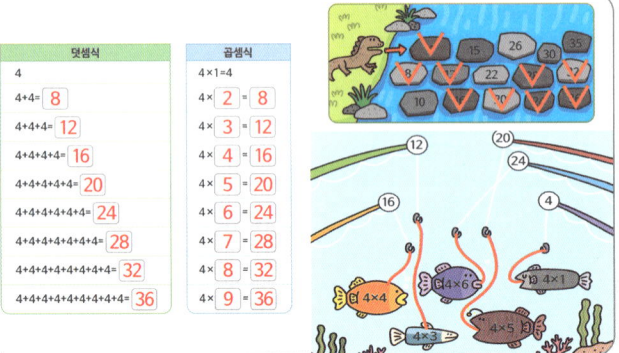

50-51쪽
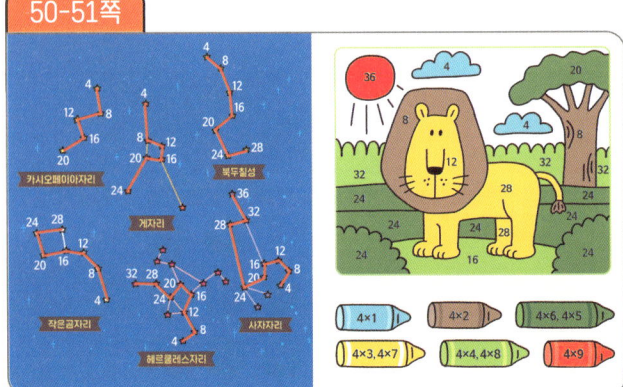

52-53쪽

54-55쪽

56-57쪽
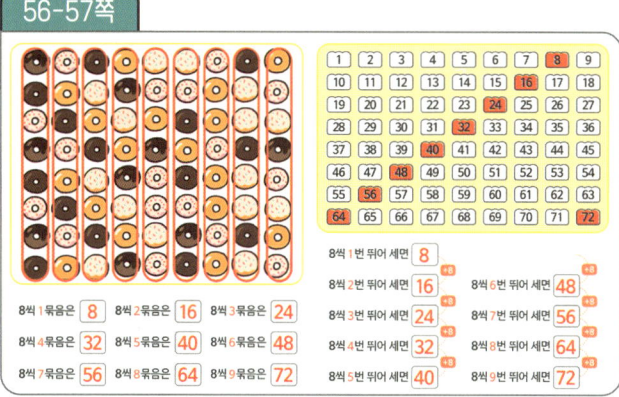

58-59쪽

60-61쪽

62-63쪽
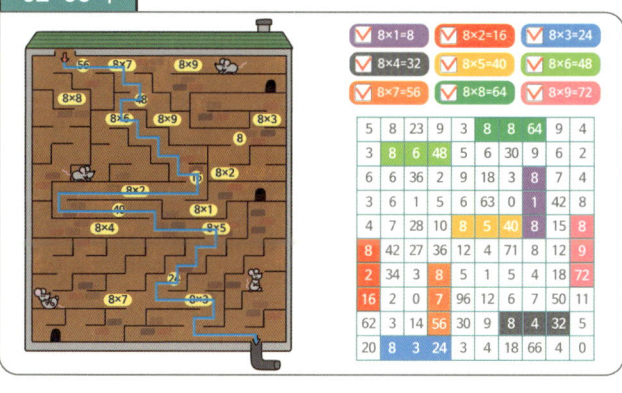

64-65쪽

66-67쪽
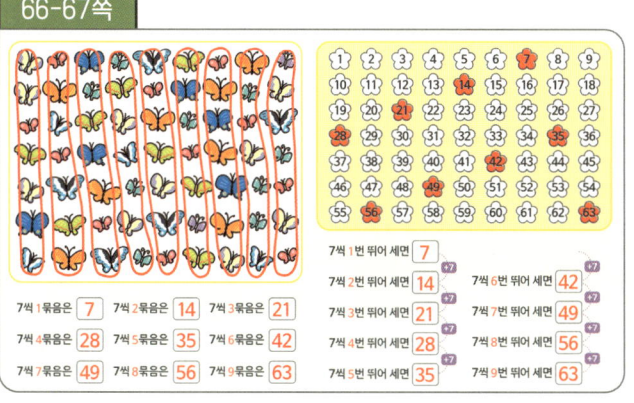

68-69쪽
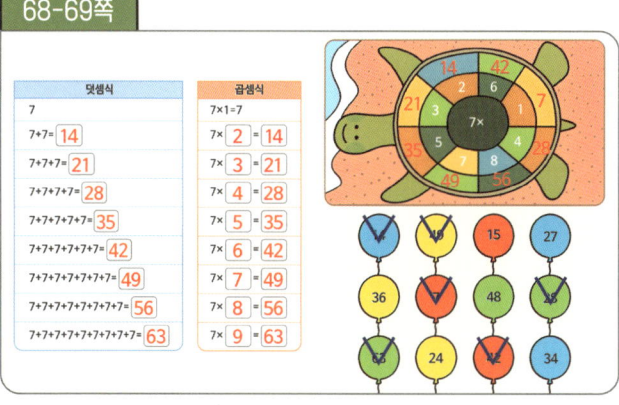

정답

70-71쪽

72-73쪽

74-75쪽

76-77쪽

78-79쪽

80-81쪽
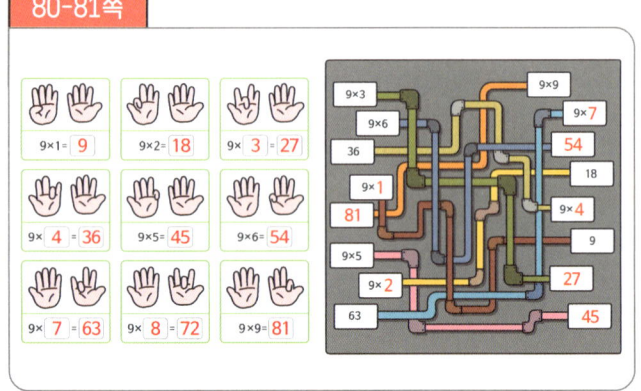

82-83쪽

84-85쪽
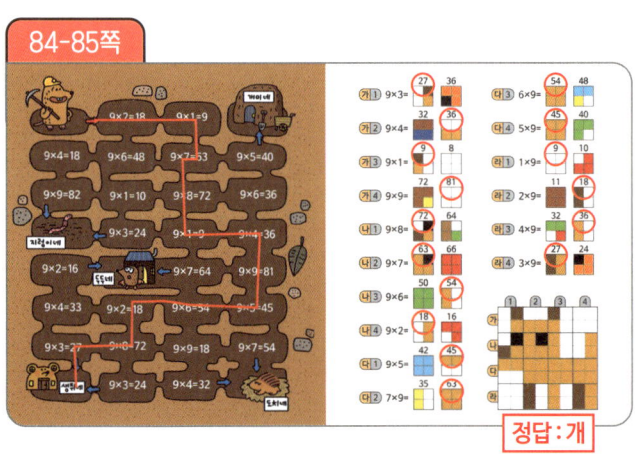

86-87쪽
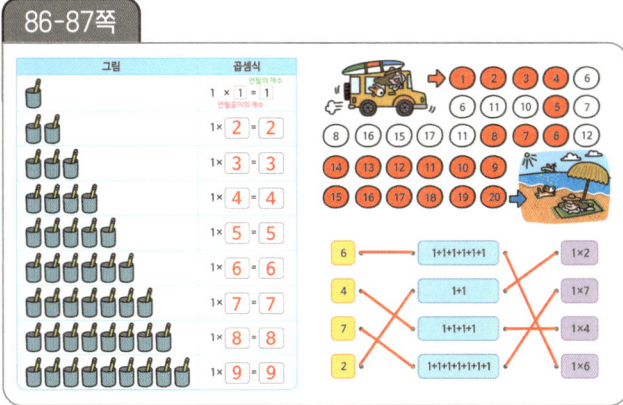

88-89쪽
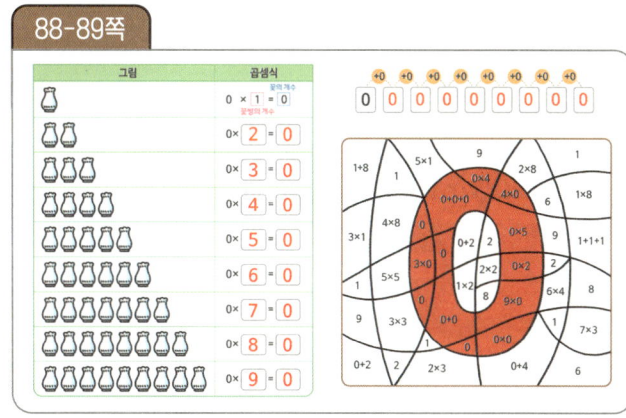

90-91쪽

92-93쪽
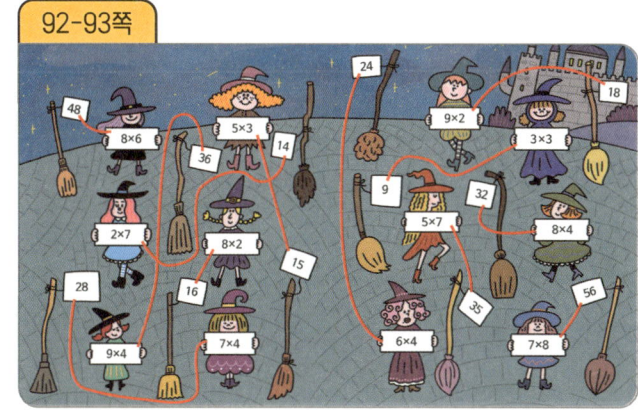

94-95쪽

96-97쪽

98-99쪽
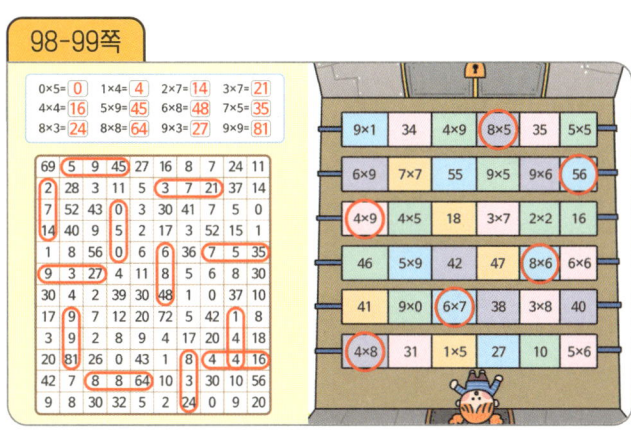

100-101쪽
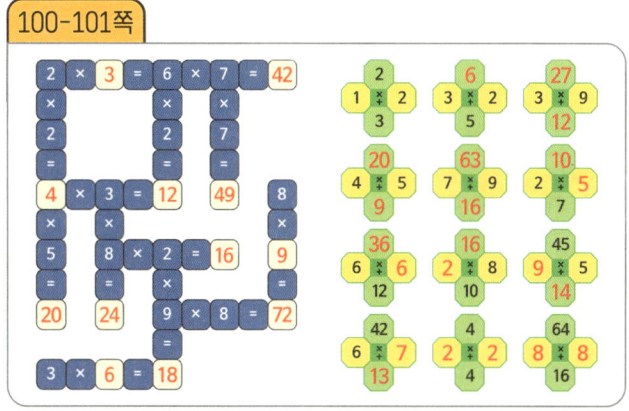

102-103쪽

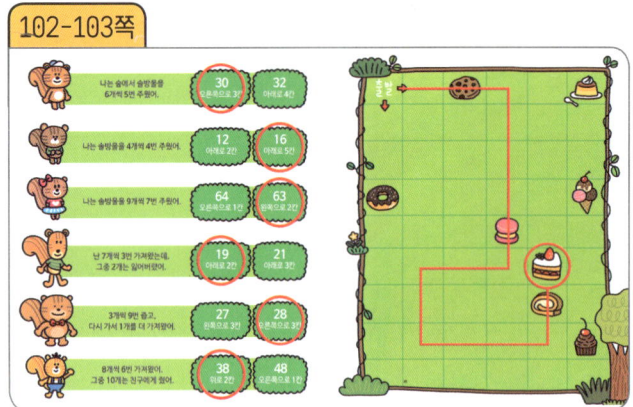

104쪽

초판 4쇄 발행 2025년 4월 25일
발행처 ㈜애플비북스 | **발행인** 오형석 | **일러스트** 양혜민
편집장 이미현 | **편집** 신지원 | **디자인** 양X호랭 DESIGN
신고번호 제406-2010-000086호 | **등록일자** 2010년 9월 6일
주소 서울시 마포구 창전로 74 여촌빌딩 3층
대표전화 02-707-9999 | **도서문의** 070-8877-2503 | **팩스** 02-707-9992
홈페이지 www.applebeebook.com

ⓒ2023, ㈜애플비북스
이 책을 저작권자의 동의 없이 무단으로 복제하거나 다른 용도로 쓸 수 없습니다.